Ulrich Schulte (Hg.)

P. Titus Horten OP

Dominikanische Quellen und Zeugnisse

herausgegeben von

THOMAS EGGENSPERGER OP
ULRICH ENGEL OP

Institut M.-Dominique Chenu – Espaces Berlin

in Verbindung mit
Barbara Hallensleben, Freiburg i.Ue.
Wolfram Hoyer OP, Augsburg
Franz Müller OP, Zürich
Guido Vergauwen OP, Freiburg i.Ue.

Band 12
P. Titus Horten OP

Ulrich Schulte (Hg.)

P. Titus Horten OP

Ein Ordensmann im Dritten Reich

Mit einem Geleitwort von
Bischof Reinhard Lettmann

benno VERLAG

Band 12
der Dominikanischen Quellen und Zeugnisse
wurde gefördert durch den Dominikanerkonvent Vechta

Bibliografische Information Der Deutschen Bibliothek
Die Deutsche Bibliothek verzeichnet diese Publikation
in der Deutschen Nationalbibliografie;
detaillierte bibliografische Daten sind im Internet über
http://dnb.ddb.de abrufbar.

ISBN: 978-3-7462-2419-0

Stammerstr. 11, 04159 Leipzig
www.st-benno.de
Umschlaggestaltung: Ulrike Vetter, Leipzig, unter Verwendung
eines Fotos aus dem Archiv des Dominikanerklosters Vechta
Gesamtherstellung: Kontext, Lemsel (A)

INHALT

2. P. Titus als Lehrer

3. Politisches bis 1930

4. Der Nationalsozialismus ab 1930

5. Haft und Tod

7. Die Gestapo, ein Nachspiel

8. Der Fall „Feder“

9. Wertschätzung

Anhänge

Geleitwort

Diese von P. Ulrich Schulte OP vorgelegte Quellensammlung zum Leben und Wirken von P. Titus Horten OP lässt seine Persönlichkeit vor uns lebendig werden. Beeindruckend sind die Aussagen von Offizial Heinrich Grafenhorst, der seiner Zeit als Seelsorger in der Stadt Oldenburg zugleich Gefängnisseelsorger war und P. Titus häufig im Gefängnis besucht hat.

1935 begann eine staatlich gelenkte Kampagne der Nationalsozialisten gegen die Kirche und insbesondere gegen die Orden, in der Priestern und Ordensleuten Devisenvergehen vorgeworfen wurden. Am 8. Mai 1935 wurde P. Titus verhaftet und wenige Tage später ins Gefängnis nach Oldenburg gebracht. Am 4. November 1935 wurde er zu zwei Jahren Gefängnis und einer hohen Geldstrafe verurteilt. Er legte gegen dieses Urteil Berufung ein. Der Gesundheitszustand von P. Titus verschlechterte sich von Tag zu Tag. Er musste in das Gefängnis-Lazarett am evangelischen Peter-Ludwig-Hospital in Oldenburg verlegt werden. Seine letzten Lebenstage verbrachte er in einer verriegelten und vergitterten Krankenzelle. Die Oberschwester der im Krankenhaus tätigen Diakonissen veranlasste, dass er in das so genannte „Fürstenzimmer" verlegt wurde. P. Titus hat die liebevolle Sorge der Diakonissen dankbar empfunden. Er starb am 25. Januar 1936.

Fünf Tage später fand in Vechta die Beerdigung statt. Etwa 6.000 Gläubige nahmen daran teil. Es war ein Zeichen dafür, wie sehr P. Titus geachtet und geschätzt wurde. Das Volk verehrt ihn wie einen Heiligen. 1948 leitete Bischof Dr. Michael Keller den Seligsprechungsprozess für ihn ein. Wir hoffen, dass der Heilige Vater ihn bald selig sprechen wird.

+ Reinhard Lettmann
Bischof von Münster

EINLEITUNG

1. Zu diesem Buch

Ich möchte Sie, liebe Leserinnen und Leser, mit diesem Buch ein wenig durch unser Archiv, also durch das Archiv des Konvents der Dominikaner zu Füchtel, führen. Nun ist unser Archiv an sich nicht unbedingt eine Sehenswürdigkeit, nicht vergleichbar mit den Archiven alter Benediktinerklöster, in denen man mittelalterliche Urkunden bewundern kann, aber – und das vor allem macht unser Archiv wertvoll – wir bewahren hier viele Zeugnisse aus dem Leben des P. Titus Horten OP auf. Aus ihnen möchte ich Ihnen gewissermaßen vorlesen. Sie könnten natürlich auch, um P. Titus kennen zu lernen, eine der doch schon ziemlich zahlreichen und mehr oder minder ausführlichen Biografien über P. Titus lesen. Allerdings meine ich, die „alten" Zeugnisse – vor allem die von vor 1936, also Zeugnisse, die verfasst wurden, ehe man darum wusste, dass P. Titus selig gesprochen werden solle – haben ihren eigenen Reiz, sodass es sich lohnt, sie zu lesen. Ich habe in diesem Buch vor allem solche Zeugnisse gesammelt.

Nun stellt sich natürlich das Problem der Auswahl. Ausgewählt habe ich die Zeugnisse, die mir gefielen, die mir manchmal auch unter die Haut gingen, also eine sehr subjektive Auswahl. Ich weiß selbstverständlich auch, solche Zeugnisse bedürfen prinzipiell der Interpretation; denn die Aussagen von Zeitzeugen sind bekanntlich immer etwas fragwürdig und es ist das Geschäft der Historiker und der wissenschaftlichen Biografen, sie in den rechten Zusammenhang zu stellen, sie zu deuten. Andererseits meine ich, der, der sich für P. Titus interessiert, wird an diesen Quellen, auch wenn er oder vielleicht sogar weil er die Biografie von P. Titus schon kennt, doch Freude haben – wegen der möglichen Aha-Erlebnisse.

„Warum Denken traurig macht" – so lautet der Titel eines unlängst erschienenen Buches von George Steiner.[1] Ein Grund dafür, dass Denken traurig macht, ist der: „Nichts und niemand kann auf nachprüfbare Art und Weise mein Denken durchschauen. (...) Keine noch so große Nähe (...) wird uns in die Lage versetzen, die Gedanken eines anderen zweifelsfrei zu entschlüsseln."[2] Wir können also eigentlich nie sagen, wer der andere ist. Dennoch bemühen wir uns ständig darum, zu wissen, zu erkennen, wer der andere ist, jedenfalls dann, wenn wir ihn lieben oder hochschätzen oder gar verehren. Wer war P. Titus? Ich bin sicher, die Zeugnisse, die ich in diesem Buch gesammelt habe, wecken auch in dem, der ihn an sich schon kennt oder zu kennen glaubt, erneut die Frage: Wer war P. Titus? Vielleicht regt also das vorliegende Buch zu neuen Studien über P. Titus an. Diese Quellensammlung entstand auch in der Absicht, eben diese Frage zu wecken; denn es ist in seiner Biografie keineswegs alles klar. Zum Beispiel: War P. Titus in seiner Frömmigkeit – allzu – kindlich naiv? Manchmal hat man den Eindruck. Auf der anderen Seite aber hat ihn eben diese Frömmigkeit Schlimmstes ertragen lassen; und weiter zu dieser anderen Seite –

1 George Steiner, Warum Denken traurig macht. Zehn (mögliche) Gründe. Aus dem Englischen von Nicolaus Bornhorn, Frankfurt/M. 72007.

2 Ebd., 23f.

er war ein überaus fleißiger, ein tüchtiger und nüchterner Verwalter irdischer Geschäfte. Oder zweitens: War P. Titus weltfremd? Nahm er von seiner Zeit, also vom Nationalsozialismus, Kenntnis oder nahm er ihn gar nicht so recht wahr, obwohl er am Ende Opfer dieser Zeit wurde? Oder drittens: Zwei sehr starke und charakterlich entgegengesetzte Persönlichkeiten begegneten sich in den zwanziger und dreißiger Jahren in Füchtel, einmal P. Titus und dann P. Laurentius Siemer OP, jener als Lehrer, als Prokurator, d. h. als Finanzverwalter des Klosters und des Kollegs, und als Prior, also als Oberer der Dominikaner in all den Vechtaer Häusern, die sie damals besaßen oder verwalteten, und dieser als Rektor der Schule. Wie konnte das funktionieren? Hat es funktioniert? Oder viertens: War P. Titus ein Heiliger oder doch, was eine Streitfrage in der Literatur über ihn ist, ein Märtyrer? Fragen – das Buch gibt keine endgültigen Antworten, will sie auch gar nicht geben; es will zum Nachdenken anregen.

2. Zur Gliederung der Quellensammlung

(1) „Die Arbeit des P. Titus“ – Unter diesem Stichwort steht die erste Gruppe der Lebenszeugnisse. Sie erzählen davon, was P. Titus tat, wie viel er zu tun hatte. Hat er sich übernommen? Hat ihm der Orden zu viel aufgetragen? War er zu demütig? Scheiterte er zum Beispiel deshalb, weil er zuviel Arbeit übernahm, als Lehrer in der Schule? Scheiterte er in dieser Tätigkeit überhaupt? Nicht selten wird das so in den Biografien über ihn behauptet.

(2) „P. Titus als Lehrer“ – Unter diesem Stichwort steht die zweite Gruppe der Quellen. Lehrer war P. Titus zuerst mit, dann unter P. Laurentius. Wie standen die beiden zueinander? War P. Titus minder begabt, wie manche Mitbrüder wohl sagen, also als Lehrer mehr oder minder unfähig, am falschen Platz?

(3) „Politisches bis 1930“ – Es ist auffällig, wie teilnahmslos sich P. Titus gegenüber den unruhigen Zeiten der Weimarer Republik verhielt. War er da naiv? Oder waren da all seine Mitbrüder in Vechta etwas blind, blind vornehmlich auf dem rechten Auge?

(4) „Der Nationalsozialismus ab 1930“ – Es geht um dieselben Fragen. Aber nun kommt hinzu, dass P. Titus und mit ihm die ganze deutsche Provinz der Dominikaner zum Opfer des Unrechtsregimes der Nationalsozialisten wurde.

(5) „Haft und Tod“ – Wie P. Titus die Haft ertrug, das ist heute kaum mehr zu fassen. Naives Gottvertrauen, naive Frömmigkeit? Heroismus? Oder gar der Tod eines Märtyrers? Erschütternde Zeugnisse sind das, meine ich. Die Quellen erzählen davon, wie P. Titus litt, sie erzählen aber auch davon, wie andere, vor allem „seine“ Schwestern, die Dominikanerinnen in „seinem“ Verlag und in „seiner“ Druckerei, mit ihm mitlitten und ihn nicht erst nach seinem Tod verehrten. Sie erzählen nicht eigentlich von seinem Kranksein – natürlich war er krank ob der ungerechten Haft, seelisch und physisch –, sie erzählen vielmehr vor allem davon, wie P. Titus zum „Opfer“ eines ungerechten Regimes geworden ist.

(6) „Medizinisches über die Krankheiten des P. Titus" – Diese Gruppe der Quellen greift noch einmal zurück in die Zeit vor der Inhaftierung. Viele Fragen kommen einem, wenn man all das liest, was die Zeitzeugen über den so oft und immer wieder kranken P. Titus erzählen, darüber erzählen, wie er die Krankheiten trug und ertrug. Was waren die Ursachen solcher physischen Schwäche? Wo nahm er die Kraft her, sie zu tragen? War er schon todkrank, als er ins Gefängnis kam? Diese Leidensgeschichte sei hier gleich einem Dakapo zu dem, was uns die im 5. Kapitel gesammelten Quellen erzählen. Und konsequenterweise lasse ich sie ausklingen in den medizinischen Gutachten zu seinem Tod.

(7) „Die Gestapo, ein Nachspiel" – Der Tod des P. Titus setzt keinen Schlusspunkt unter die Geschichte seines Opfers. Noch einmal hat also in den hier gesammelten Quellen die Gestapo das Wort, nicht als ob sie nun noch späte Triumphe hätte feiern dürfen, das durfte sie nicht. Vergeblich versucht sie, den Nachhall seines Lebens zu unterdrücken.

(8) „Der Fall ‚Feder'" – Der Dominikanerorden, die deutsche Dominikanerprovinz „Teutonia", hofft, dass P. Titus zur Ehre der Altäre erhoben wird. Nun sind solche Seligsprechungsprozesse in der katholischen Kirche mit gutem Grund oft sehr langwierig. Solche Prozesse bestehen im Wesentlichen aus zwei Teilen. Zunächst befindet die Kongregation für die Heiligsprechung über das heiligmäßige Leben dessen, der da selig gesprochen werden soll. Das ist bereits geschehen. Dass P. Titus ein vorbildlicher Mann der Kirche und des Glaubens war, hat Rom in aller Öffentlichkeit anerkannt. Darüber hinaus aber verlangt Rom,

dass sich die Heiligkeit eines solchen Zeugens des Glaubens in einer Gebetserhörung erweise. Diese Gebetserhörung muss nach menschlichem Ermessen außerordentlich, also „wunderbar", sein. Dieser Teil des Seligsprechungsprozesses ist noch nicht abgeschlossen, aber doch auf den Weg gebracht worden. Dieses Auf-den-Weg-Bringen habe ich hier in der Quellensammlung dokumentiert, einmal aus der Sicht eines Betenden, zum anderen aus der eines Arztes.

(9) „Wertschätzung" – Beschließen möchte ich die Sammlung der Quellen mit einigen besonders eindrucksvollen Zeugnissen darüber, wie liebevoll sich Menschen des P. Titus erinnern. Wertschätzung spricht auch schon aus den vorher angeführten Quellen; aber die in diesem Kapitel gesammelten Zeugnisse sprechen eine, wie mir scheint, besondere Sprache, deshalb mögen sie unter das in diesem Buch Gesammelte den Schlusspunkt setzen.

Meine Einleitung beschließe ich mit einer kurzen Lebensbeschreibung des P. Titus. Ganz ans Ende der Quellensammlung setze ich einen tabellarischen Lebenslauf des P. Titus. Ich hoffe, der tabellarische Lebenslauf ist korrekt. So ganz leicht ist diese Korrektheit nicht zu gewinnen, da die Daten über sein Leben meines Erachtens nicht immer exakt verifizierbar sind. Für spätere Korrekturen wäre ich sehr dankbar. Der tabellarische Lebenslauf ist auch ein Zeugnis dafür, wie sich P. Titus abgemüht hat, „heilig" zu werden, ein Zeugnis dafür, wie er für das Reich Gottes gearbeitet hat.

3. Methodisches

Über die Ordnung unseres Archivs würden einem professionellen Archivar wahrscheinlich die Haare zu Berge stehen. Aber das kann ich nicht ändern. Vor jeder Quelle werde ich hier den Fundort der Quelle angeben, denn sauber katalogisiert ist unser Archiv nicht. Bei sehr vielen dieser Quellen handelt es sich um Abschriften, deren Originalfundort ich nicht angeben kann. Ich muss mich also auf die verlassen, die vor mir die Quellen abgeschrieben haben. Nur selten ist die Korrektheit der Abschrift eidlich beglaubigt, das gilt aber nur für die Quellen, die bei dem Seligsprechungsprozess in Münster und in Rom vorgelegt worden sind.

Einige wenige Erklärungen, die zum Verständnis der jeweiligen Quelle vielleicht notwendig sind, setze ich vor die jeweilige Abschrift.

Die meisten Quellen lagen mir als Handschrift vor, und zwar in Sütterlinschrift geschrieben. Manchmal, sogar sehr oft, sind diese Handschriften ein wahres Gräuel, schwer zu entziffern. Wo ich in der Transkription unsicher war, habe ich dies in Anmerkungen oder im Text in eckigen Klammern vermerkt. Wo die mir vorliegende Quelle verderbt war, habe ich eine Emendation versucht, was ich wieder in den Anmerkungen notiert habe, es sei denn, ich bin mir der Emendation ganz sicher. In eckige Klammern setze ich, wo es mir notwendig erscheint, auch kurze Erläuterungen.

Offenkundige Druckfehler in den Quellen verbesserte ich stillschweigend. Grundsätzlich setze ich die Abschrift der Vorlagen in die jetzt gültige Rechtschreibung.

Alle in den Quellen vorkommenden Namen konnte ich nicht verifizieren. Mein Namensregister am Ende des Buches ist also leider nicht vollständig, obwohl ich mich um diese Vollständigkeit bemüht habe. Das Namensregister ist alphabetisch geordnet, es bringt auch die zum Verständnis notwendigen biografischen Daten. In einem Glossar erkläre ich die ordensspezifischen Termini.

4. Kurze Lebensbeschreibung

Eine Biografie hätte nun eigentlich die Aufgabe, aus den Quellen und Zeugnissen, die ja nur wie Mosaiksteine sind, ein Bild zusammenzufügen. Sich ein Bild von jemandem machen – das ist ein gefährliches Tun, obwohl wir eben das immer wieder versuchen und auch wohl versuchen müssen, wenn uns ein Mensch begegnet, den man liebt, den man achtet, den man hochschätzt. „Du sollst dir kein Bildnis machen", lautet die Überschrift zu einem kleinen Essay von Max Frisch.[3] „Es ist bemerkenswert, dass wir gerade von dem Menschen, den wir lieben, am mindesten aussagen können, wie er sei." Gewiss, Max Frisch spricht von der Liebe. Aber der gerade zitierte erste Satz des Essays gilt auch grundsätzlich. Ich möchte in diesem kurzen Lebensabriss kein Bild von P. Titus zeichnen; solch bestimmt notwendiges Tun überlasse ich den Biografen.

---

3 Max Frisch, Die Tagebücher. Tagebuch 1946-1949, Gütersloh o.J., 29.

Ich werde hier also nicht die Zeugnisse über das Leben des P. Titus deuten und interpretieren, ich werde nur Fakten aneinanderreihen, wobei ich natürlich weiß, dass schon die Auswahl der Fakten eine Interpretation ist. Dieser kurze Lebensabriss ist aber notwendig, damit die Quellensammlung doch irgendwie eingeordnet und verstanden werden kann.

P. Titus wurde 1882 in Elberfeld (heute: Wuppertal-Elberfeld) geboren. Sein Taufname war Franz, er war der jüngste Sohn von acht Geschwistern; fünf Brüder hatte P. Titus und zwei Schwestern. Einer seiner älteren Brüder, Paul, wurde auch Dominikaner, im Orden hieß er P. Timotheus, seine beiden Schwestern, Helena und Johanna, wurden Ordensschwestern, Helena in einer Franziskanerinnenkongregation – sie starb schon sehr früh im Alter von 24 Jahren, wahrscheinlich an einer Lungenerkrankung – und Johanna, das jüngste Kind der Familie Horten, in der Kongregation der Sacré-Cœur-Schwestern. Auch die Mutter, Sidonie Kreuser, trat nach dem Tod ihres Mannes in eine Schwesternkongregation ein. Schon dieser kurze Blick auf die Familie, der P. Titus entstammt, zeigt den religiösen Hintergrund, auf dem das Leben Franz Hortens stand.

Da der Vater Anton Horten Justizbeamter war und am Ende seiner Laufbahn Reichsgerichtsrat am Reichsgericht zu Leipzig wurde, musste die Familie Horten des Öfteren umziehen. Franz Horten besuchte infolgedessen verschiedene Schulen, so die Volksschule in Frankfurt/M. und eine andere in Leipzig; seinen gymnasialen Abschluss erreichte er dann 1902 in Leipzig, nachdem er auch für relativ kurze Zeit Schüler des Albertinums in Venlo, also

Schüler eines von Dominikanern geleiteten Kollegs, gewesen war, das er aber schon nach drei Jahren aus Krankheitsgründen, und zwar wegen einer Knochenhautentzündung, 1896 wieder verlassen musste. Franz Horten studierte dann in Grenoble, Leipzig, Münster, London und Bonn Rechtswissenschaften und später neuere Sprachen (Englisch und Französisch) und Geschichte. Uns fehlen, soweit ich weiß, Zeugnisse über diese Studienzeit, also darüber, wie dem jungen Studenten seine Studien gefielen oder nicht gefielen, wohl wissen wir mehr über sein karitativ-soziales Engagement während dieser Zeit, zum Beispiel im akademischen Vinzenzverein, den er in Bonn ins Leben zu rufen half. Dass Franz Horten ein fleißiger und gründlicher Student war, beweist seine Doktorarbeit „Über die moderne Sprache Defoe´s“, mit der er im Sommer 1909 promoviert wurde.[4] Ein philologisches Staatsexamen legte er nicht mehr ab.

Seinem, wie mir scheint, eigentlich schon während der Universitätszeit angestrebten Berufswunsch kam Franz Horten näher, als er 1909 in Venlo Dominikaner wurde und den Ordensnamen „Titus“ erhielt. Er absolvierte eben dort das Noviziat und begann dann seine philosophisch-theologischen Studien im Dominikanerkloster zu Düsseldorf. An den Frater Titus, also an den Novizen und den Studenten, erinnerten sich später ziemlich viele seiner Mitnovizen und Mitstudenten, als nämlich nach dem Zweiten Weltkrieg im Seligsprechungsprozess Zeugnisse über ihn gesammelt wurden. All diese Zeugnisse sprechen von Frater Titus als von einem vorbildlichen Ordens-

4 Eine Abschrift dieser Doktorarbeit findet sich in unserem Konventsarchiv. Sie ist übrigens schwierig oder zumindest mühsam zu lesen, sie ist ein typisches Werk der damals verbreiteten positivistischen Wissenschaftsideals.

mann, sie rühmen seine Bescheidenheit, seine Demut und sein wie selbstverständliches Streben nach Heiligkeit. 1913 bis 1915 durfte Frater Titus seine Theologiestudien an der Ordenshochschule der Dominikaner in Rom, am Angelicum, fortsetzen. Das zu dürfen war eine Auszeichnung, die ihm, so sagen es die Quellen jener Zeit, wegen seines vorbildlichen Ordenslebens zuteil wurde. In Rom empfing Frater Titus auch die Priesterweihe. Nach der Priesterweihe kehrte P. Titus zurück nach Düsseldorf. Das Kloster diente mittlerweile als Lazarett. P. Titus war dort ein offenbar von den Kranken geschätzter Krankenpfleger. 1917 war es dann so weit: P. Titus wurde nach Vechta versetzt, an das Josefskonvikt der Dominikaner. „Vechta" wurde nun, das klingt übertrieben, ist es aber nicht, zu seinem Lebensinhalt. Zu dem Beruf als Lehrer schien er prädestiniert gewesen zu sein, hatte er doch, wie gesagt, neuere Sprachen und Geschichte studiert. Über diese offenbar nicht unproblematische Lehrtätigkeit erzählen weiter unten die Quellen.

Aber nicht als Lehrer schrieb P. Titus gleichsam Konventsgeschichte, sondern vor allem als Prokurator des Konvents, und dies war er in der schweren Nachkriegszeit, in der Zeit der Inflation. Trotz dieser Inflation, die alles wirtschaftliche Planen mehr oder minder unmöglich machte, errichteten die Dominikaner einen großen Internatsneubau; dass sie das konnten, verdanken sie ganz wesentlich dem Geschick und der unermüdlichen Arbeitskraft einmal des P. Titus und dann des P. Laurentius. Dieser war seit 1921 Rektor der Schule. Konventsgeschichte schrieb P. Titus dann weiter, als er 1925 den Albertus-Magnus-Verlag in Vechta übernahm und er dank dieser von großem, auch wirtschaftlichem und erst recht spirituellem Sachverstand zeugenden Arbeit ein intensives, weitgefächertes Presseapostolat für die ganze Ordensprovinz ins Leben rief. Im gleichen Jahr wurde P. Titus von seinem Orden als Generalprokurator der Chinamission bestellt. Sehr viele Briefe in die Mission und aus der Mission heraus an ihn beweisen, wie liebevoll, sorgsam und gewissenhaft er sich um die Mission und um die Missionare sorgte und kümmerte. Er beschaffte, wenn es irgendwie in seinen Kräften lag, den Missionaren alles, was sie brauchten.

Eigentlich, so möchte man meinen, war es nur konsequent, dass seine Mitbrüder ihn, den so erfahrenen und tüchtigen Mann, 1927 zum Prior des Vechtaer Konvents wählten. Das blieb er bis 1933, also über zwei Wahlperioden hinweg. Seine Arbeit als Verlagsleiter und Missionsprokurator gab er, zum Prior geworden, keineswegs auf.

P. Titus leitete fünf große, auch wirtschaftlich bedeutende Unternehmen, den Konvent, die Schule, den Albertus-Magnus-Verlag, die Mission und den landwirtschaftlichen Hof in Schwichteler (ein kleines Dörfchen zwischen Cloppenburg und Vechta). Allein im Albertus-Magnus-Verlag beschäftigte er im April 1935 neben den weltlichen Angestellten (Setzer, Drucker, Redakteure, Lektoren, Buchbinder usw.) weit über 20 Ilanzer Dominikanerinnen. Wie sich vor allem eben diese Schwestern mit ihrem „Chef“ identifizierten, davon erzählt weiter unten die Quellensammlung. Das Arbeitsklima, das P. Titus zu schaffen vermochte, weckt Bewunderung. Und da zeigt sich, dass P. Titus dem Herzen nach wohl lieber Seelsorger oder, wie man damals wohl sagte, „Seelenführer“ gewesen wäre als

Chef eines Wirtschaftsunternehmens. Doch davon berichten auch die nachfolgenden Quellen. In beiden „Berufen“ leistete P. Titus Erstaunliches. In der Chronik der Schwestern werden zum April 1935 all die Schwestern namentlich aufgeführt, die im Josefskonvikt, so darf man wohl sagen, „für“ P. Titus arbeiteten, für den Verlag, für die Schule und für den Konvent. Hinzu kamen noch die Dominikanerinnen, die in Schwichteler assigniert waren. Schwichteler war eine Zweigniederlassung des Vechtaer Konventes, die gegründet worden war, um den Schülern des Kollegs Nahrungsmittel zu besorgen; Schwichteler war so etwas wie ein landwirtschaftlicher Betrieb, ein großer Bauernhof und eine Kapellengemeinde.[5]

1933 endete das Priorat von P. Titus in Vechta, sein Nachfolger wurde P. Otmar Decker OP.

Am 8. Mai 1935 wurde P. Titus verhaftet. Der Vorwurf oder der Anklagepunkt lautete „Devisenschieberei“. An dem Vorwurf war juristisch nichts dran, aber das braucht hier nicht näher ausgeführt zu werden. Die sogenannten Devisenprozesse sind in der Literatur breit dargestellt worden. Auch meine Quellensammlung interessiert sich nicht für dieses Nazi-Unrecht, sie interessiert sich für die Art, wie P. Titus die Haft erlebte und wie ihn andere in diesem Leid sahen.

---

5 Aus der Schwesternchronik: „Priorin ist Sr. M. Natalia Bedbur, Subpriorin Sr. Regina Schneider, ist (sic!) auf dem Verlagsbüro tätig und hat die ganze Druckerei unter sich. Im Verlagsbüro sind außerdem beschäftigt Sr. Corona Wagner und Sr. Lioba Ospelt. In der Druckerei sind an den Druckmaschinen tätig Sr. Veronika Troska, Sr. Priska [Nachname nicht genannt], Sr. Tharsilla Leischke, Sr. Chrysostima Hutter. In der Setzerei arbeiten Sr. Stefana Kothmeyer, Sr. Simona Geiger, Sr. Anna Stürmer, Sr. Petrina Kämpfer. In der Missionsprokuratur sind tätig als erste Sr. Benvenuta Fischermann, Sr. Clementia Beckmann, Sr. Johanna Gruna, Sr. Hiltrudis Schmidt, Sr. Vinzentia Josepha Kloos, Sr. Dorothea Dorka, Sr. Candida Krämer;

P. Titus starb am Samstag, dem 25. Januar 1936, um 23.30 Uhr. Eine Dominikanerin, die ihn am Sonntagmorgen im Fürstenzimmer des Peter-Friedrich-Ludwig-Hospitals zu Oldenburg, in dem der tote P. Titus aufgebahrt lag, sehen durfte, schreibt aus ihrer unmittelbaren Erinnerung: „Wenn man über seine letzten Lebensmonate nachdenkt, so drängt sich einem das Bild auf, das der Biograf des heiligen Johannes vom Kreuz bei dessen Hinscheiden zeichnet: Seine Seele war wie ein reich beladenes Schiff, das langsam seine Taue vom Ufer löst und dann frei hineingleitet in den Ozean der göttlichen Liebe."

Mit dem Tod des P. Titus beginnt ein neues Kapitel seiner „Lebensgeschichte", das Kapitel seines Wirkens über den Tod hinaus.

---

die Wäsche wäscht Sr. Philomena Huesmann, hilft nebenbei noch [bei der] Bügelei und putzt jede Woche samstags in Füchtel, in der Ordensschule, den Schlafsaal. Sr. Gratiana Diersen wäscht und besorgt den Garten, putzt im Haus und macht jeden Samstag in Füchtel die Sprechzimmer. Gebügelt wird die Wäsche von Sr. M. Rosa Bartsch, serviert noch die Herren, ist Schaffnerin und leitet in Füchtel die Putzerei. Geflickt wird die Wäsche von Sr. M. Bertranda Franken und Sr. Otilia Ulmer. Die Schwesternkleider werden ausgebessert von Sr. Antonia Merk, bedient die Schwesterngarderobe. Sr. Claudia Zumwald macht die Schülerstrümpfe wieder ganz. Schriftliche Arbeiten für den Verlag machen ferner noch Sr. Cölestina Marohl, Sr. Annuntiata M. Dahme, Sr. Ceslava Lipski hilft noch bei den leichten Arbeiten in der Druckerei. Für die leiblichen Bedürfnisse sorgt in ganz mütterlicher Weise Sr. Dalmatia Wagenblast, ihre Gehilfin ist Sr. Timothea Kaluza. Direktor der Druckerei und Missionsprokurator ist Hochwürden Pater Doktor Titus Horten, [er] ist auch Beichtvater der Schwestern. (...) Angestellt sind ferner noch als Setzer Herr Lichtenberg und Herr Falten, Buchbindermeister ist Herr Ludwig Rauber, Lehrling und Laufjunge ist Friedel Meineke und Hausmeister Herr Willy Morkamp. Dann haben wir noch drei Dienstmädchen, Liesbeth hilft meistens in der Druckerei, für allerhand Hausarbeiten hilft noch Bertha und Elisabeth Detmer. Die Hauptperson ist vergessen worden, ohne die niemand zum Haus herein kann, es ist die Pförtnerin Sr. Edwina Riemann. Das sind jetzt alle, die jetzt im April 1935 in Vechta angestellt sind."
Ich habe diesen Text der Schwesternchronik entnommen, u.a. aus einer gewissen Dankbarkeit für das, was die Schwestern für „uns" und eben vor allem „für" P. Titus in Vechta geleistet haben.

HAUPTTEIL: QUELLENSAMMLUNG

1. Die Arbeit des P. Titus

(1)

P. Joseph Keller OP beschreibt in dem unten abgedruckten Brief vom 14. Oktober 1922 an P. Timotheus die Tätigkeit des P. Titus als Prokurator des Vechtaer Konventes. Die Abschrift des Briefes befindet sich im Konventsarchiv, Mappe Biografie.

»(...) Wie es in Vechta geht, das haben Sie durch Ihren lieben Bruder und durch P. Pius[6] erfahren. Ihr lieber P. Titus ist wirklich ein famoser Kerl. Ich habe in all den Jahren meines Ordenslebens nie einen Prokurator gesehen, der so findig im Einnehmen und doch zugleich so gütig im Ausgeben war. Wenn man den besten und besorgtesten Papa mit dem fleißigsten und schlauesten ‚Jüdchen' in eine Person zusammenschmelzen könnte, dann wäre das P. Titus. (...)«

(2)

Brief des P. Timotheus an den Provinzial[7] vom 14. Oktober 1920, Konventsarchiv, Mappe Biografie.
Der Brief verdeutlicht die Arbeitsüberlastung des offenbar kränklichen P. Titus als Lehrer und als ein Mitbruder, der stark

6 P. Pius Keller OP.

7 Provinzial war P. Hieronymus Wilms OP (1919-1920) oder P. Thomas Stuhlweissenburg OP (1920-1924).

in der Seelsorge engagiert war. 1920 war P. Titus noch nicht der Prokurator des Konvents.

»(...) P. Titus schrieb mir nach seiner Rückkehr nach Vechta, er bitte darum, dass ich weiter die Oberen mit seiner Gesundheit nicht behelligen solle; es gehe ihm ganz gut. Gleichzeitig teilt er mir aber mit, dass er noch sein Oberlehrerexamen[8] machen werde, dass er wegen des Ausscheidens des hochwürdigen P. Priors[9] nach Köln den ganzen französischen Unterricht an der Anstalt habe und regelmäßig wöchentlich nach Kellerhöhe müsse. Was diese letzte Aushilfe angeht, so ist zwar kein großer Beichtstuhl dort, aber die Anstrengung ist selbst für einen gesunden Menschen recht erheblich. Ca. 2 1/2 Stunden (hin & zurück) fährt man in offenem Wagen, biniert[10] am anderen Morgen, hat Hochamt mit Predigt um 10 Uhr, hält nach der Predigt sofort eine kurze Katechese und bekommt kein Mittagessen, sondern nur ein reichliches Frühstück, weil der Zug ca. 1 Uhr in Cloppenburg abfährt. (...) P. Titus wird sicherlich noch abends [also am Samstagabend] Krankenbesuche machen und morgens Versehfahrten [im offenen Wagen], Dinge, die zwar sehr wünschenswert, aber nicht von einem kranken Menschen zu leisten sind, der in der Woche durch mit Klassen[11] und Korrektur völlig beschäftigt ist und zudem immer im Chor mitmachen will, den zu meiner Zeit P. Titus wesentlich mit aufrecht erhielt. Ich glaube sagen zu können, dass ich

---

8 Es muss sich um das Staatsexamen handeln, das P. Titus nach seiner Promotion in Bonn nicht mehr abgelegt hat.

9 P. Jakobus Höckesfeld OP, Prior, also Oberer des Konventes in Vechta von 1919 bis 1920.

10 „Binieren“ heißt zwei heilige Messen an einem Tag feiern.

11 „Klassen haben“ sagte man damals für unterrichten.

wirklich ARP Prior[12] von Vechta sehr verehre, aber doch darauf hinweisen zu müssen, dass seine Leitung einen doppelten Mangel hat. Er überlässt den Officiales[13] völlig ihre Arbeit, indem er in keiner Weise selbst mit Hand anlegt. Eine solche Zurückhaltung ist bei seinem Herzleiden vielleicht geboten und in Konventen statthaft, wo wirklich Arbeitskräfte vorhanden sind. Bei Überlastung der einzelnen Patres, die während der letzten 10 Jahre in Vechta permanent war, dürfte aber der Standpunkt unhaltbar sein. Ich hätte zum Beispiel nie neben der Klasse Prokurator sein können, wenn nicht ARP Praeses[14] alle Laufereien und Verhandlungen mit den Behörden selbst übernommen hätte, sodass ich nur Buchführung und wenig Korrespondenz in der Prokuratur hatte. Das zweite Inconvenienz ist die Neigung zur Übernahme neuer Seelsorgstätigkeit, worunter offenbar die Schule leiden muss.

Heute schrieb mir meine Tante aus Bonn, bei der P. Titus war: „Leo[15] und Trinette, die in Vechta waren, luden ihn [P. Titus]) dringend nach Krumhübel [im Riesengebirge] ein." Trinette schrieb mir ganz freudig über den baldigen Besuch von P. Titus in Krumhübel. P. Praeses scheint also seine Zustimmung gegeben zu haben. Für P. Titus wäre ein Aufenthalt in der frischen Luft nicht nur anzuraten, sondern unbedingte Notwendigkeit, wenn er wieder zu Kräften kommen soll. P. Titus wehrt jede Erholung mit Entschiedenheit ab, er meint, sich schon kräftig zu fühlen,

---

12 Prior war P. Jakobus. Die Abkürzung „ARP" besagt: „admodum reverendus Pater", sehr hochwürdiger Pater.

13 „Officiales" nennt man im Orden die, die ein leitendes Amt verwalten.

14 Das war P. Pius.

15 Leo ist der leibliche Bruder von P. Titus; Trinette ist Katharina Horten, geb. Schlüpers, die Ehefrau von Leo Horten. Mit der Tante aus Bonn, von der P. Timotheus spricht, ist Emmy Kreuser gemeint.

dass er alles wieder unternehmen könnte. Die paar Tage in Moselweiß haben ihm gut getan, er sah schon besser aus und war nicht mehr so hinfällig, als wie er von Düsseldorf kam. Hoffentlich werden die Oberen das Rechte für ihn finden, damit er rasch wieder zu Kräften kommt. (...) P. Titus meinte, dass er noch ein Examen[16] machen müsste. Dann will er bei mir [in Düsseldorf] logieren. Das wäre sehr nett, aber erst muss er sich gründlich erholen. (...)«

(3)

Brief von P. Gregorius Banten[17] an P. Timotheus vom 17. Januar 1923, Konventsarchiv, Mappe Biografie.

»(...) Augenblicklich sitze ich in der Prokuratur, um dem guten P. Titus[18], der wirklich zu viel am Hals hat, ein ganz klein wenig zu helfen. (...)«

(4)

P. Laurentius Siemer OP in seiner Autobiografie zum Schulneubau in schwierigster Inflationszeit nach dem Ersten Weltkrieg, Konventsarchiv, Autobiografie (Maschinenskriptum), S. 182.

»(...) Also hatten wir zu betteln. Dass wir es fertig gebracht haben, das Kolleg zu bauen, ohne Schulden zu machen,

---

16 Offenbar handelt es sich um das philologische Staatsexamen, das P. Titus auch später nie abgelegt hat.

17 Der zweite Prior in Vechta.

18 1921 wurde P. Titus Prokurator. Ob er dann auch noch Lehrer am Kolleg war, kann ich nicht sicher sagen.

ist in erster Linie dem guten P. Titus zu verdanken. Wenn er nicht gewesen wäre, so wäre der Bau kaum zustande gekommen. P. Titus [damals Prokurator] war unermüdlich, immer neue Methoden zu finden, um Geld für den Bau zu bekommen. (...)«

(ebd., S. 183.)

»Aber er [der P. Provinzial[19]] kannte nicht die Zähigkeit des P. Titus. Ungebrochen in seinem Optimismus meinte P. Titus, dass wir das Kolleg auch ohne Hilfe der Provinz würden vollenden können. (...)«

(Schüler unterschreiben mit dem Namenszug des P. Laurentius die Bettelbriefe in die USA; dazu S. 183.)

»Bedenken, die von Mitbrüdern geäußert wurden, dass wir doch eigentlich Urkundenfälschungen machten, lehnte P. Titus mit der Begründung ab, dass die Unterschriften in meinem Auftrage gemacht würden und die Schüler gleichsam dadurch als Unterzeichnungsberechtigte zu gelten hätten. Er hätte zwei Semester Jura studiert und wüsste, dass diese Methode erlaubt sei. (...)«

(5)
P. Timotheus an P. Titus in einem Brief vom 10. Oktober 1921. P. Timotheus gibt anfangs der zwanziger Jahre P. Titus ständig Ratschläge zur Buchführung, Konventsarchiv Ordner P. P. Timotheus hält auch entsprechende Vorlesungen am Angeli-

19 Das war P. Thomas Stuhlweissenburg OP (1920-1924).

cum.[20] *Diese Ratschläge verbindet P. Timotheus stets mit der Bitte, P. Titus solle sich in der Arbeit schonen. (Zum Beispiel in diesem Brief vom 10. Oktober 1921.)*

»(...) Die Worte „Soll“ und „Haben“ bedeuten offenbar eine Schuld bzw. ein Guthaben („Wir haben von ihm“) des als Geschäftsperson fingierten Kontos, ebenso die Worte „Debet“ = er schuldet mir, dem Buchführer; „Credit“ er gewährt mir Kredit, ist mein „Creditor“ = Gläubiger. Jedes Konto ist gleichsam eine Person, mit der der Buchführer in Geschäftsbeziehungen steht. Iss tüchtig, schlafe fleißig nach Tisch, lass eine kleine Ventilation auf deinem Zimmer anlegen, ganz billig bei Schuhmacher [Firma in Vechta] (...) Schlechte Luft kann für deine doch immerhin schwache Lunge nicht auf die Dauer ohne Schaden bleiben. (...)«

(6)

Brief des Provinzials[21] *vom 13. August 1929 an P. Titus, Konventsarchiv Ordner „Briefe an P. Titus“.*

»(...) Dann danke ich Ihnen, lieber, hochwürdiger P. Prior, für die Zusammenstellung der Prokura-Übersicht für das Kolleg und den Christinenhof[22], der Bilanz des Albertus-Verlages, der Jahresabrechnung des Verlags, nebst Inventuraufstellung. Alles ist ja sehr sorgfältig ausgearbeitet und es ergibt sich u.a. auch das: Wie viel Arbeit der Betrieb von Kolleg, Verlag und Hof erfordern. Ihnen,

---

20 Ordenshochschule der Dominikaner in Rom.

21 Provinzial war P. Thomas Stuhlweissenburg OP (2. Amtsperiode 1928-1932).

22 Das Haus in Schwichteler ist gemeint.

hochwürdiger P. Prior, möchte ich bei dieser Gelegenheit aufrichtigen Dank sagen für alle Mühen und Arbeiten, die Sie in so reichem Maße für unsere Vechtaer Häuser haben. (...)«

(7)

Zeugenaussage der Sr. Clementia Beckmann, Dominikanerin im Konvikt, Konventsarchiv, Ordner B.

»(...) P. Titus, seinerzeit [1928] Prior vom Kolleg in Füchtel, war Generalprokurator der Mission und Direktor des Albertus-Magnus-Verlages. Im Laufe der Jahre vergrößerte sich der Betrieb in der Mission, im Verlag und in der Druckerei, und so vermehrten sich auch die Arbeiten für Pater Titus. Hinzu kamen noch die vielen geschäftlichen Reisen, die er unternehmen musste, da die vielen Bestimmungen des Nazi-Regimes dies notwendig machten. – Waren Patres im Konvent verhindert, ihre Nebenarbeiten [neben der Schule] zu besorgen, so übernahm Pater Titus diese. Hochwürden Pater Pius, der den Beichtstuhl in der Pfarrkirche zu Vechta innehatte, wurde plötzlich versetzt und Pater Titus übernahm den Beichtstuhl selbstverständlich. Der hochwürdige Pater, der den III. Orden zu betreuen hatte[23], verreiste öfter für längere Zeit nach Schlesien und wurde zuletzt in ein anderes Kloster versetzt. P. Titus, der ihn in seiner Abwesenheit immer vertrat, war dann schließlich der Direktor des III. Ordens. – Außerdem wurde er öfter als Exerzitienmeister in den verschiedenen Klöstern gewünscht, und wo er einmal war, wurde er wieder verlangt, alle waren für ihn begeistert. So

23 Wahrscheinlich P. Joachim Springer OP.

häuften sich die Arbeiten für Pater Titus immer mehr. Ich kann mich aber nicht entsinnen, ihn auch nur ein einziges Mal aufgeregt, hastig oder ungeduldig gesehen zu haben. (...)«

(8)

Visitationsbeschluss[24] *1922, Konventschronik, S. 129. Der Visitationsbeschluss macht deutlich, dass die Patres in Vechta ganz offenbar geklagt hatten.*

»(...) U.a. wurde verordnet, dass die im Unterricht der Ordensschule beschäftigten Patres nur einmal im Monat eine Predigt oder einen Vortrag halten sollen, damit nicht durch andere Arbeiten ihre Haupttätigkeit leide. (...)«

Speziell zu P. Titus: Nicht nur die in diesem Kapitel gesammelten Dokumente, sondern auch die der noch folgenden zeigen, dass P. Titus in Vechta überlastet war.

---

24 Unter einer „Visitation" versteht man den Besuch eines höheren Oberen in einer ihm unterstellten Institution, beispielsweise den Besuch eines Provinzials in einem Konvent der von ihm geleiteten Ordensprovinz.

2. P. Titus als Lehrer

1921 oder 1922 wurde P. Titus aus seiner Lehrertätigkeit herausgenommen. Wie gesagt, nicht selten wird das in der Überlieferung der Dominikanerprovinz so gedeutet, als sei P. Titus als Lehrer gescheitert. Als Lehrer sei er unfähig und ungeeignet gewesen. Mag sein, dass das stimmt. Es mag also sein, dass P. Titus hier eine gewisse Niederlage hat hinnehmen müssen. Es kann aber auch sein, dass ganz andere Gründe den Konvent veranlassten, ihn von der Lehrtätigkeit zu entlasten. Übrigens berichtet die Kollegschronik[25] nie ausdrücklich von einer Entlassung des P. Titus aus dem Schuldienst, auch nicht die Konventschronik.

(1)

Aus einem Brief von P. Casimir Postulka (17. September 1948), Konventsarchiv Mappe Biografisches (3), Nr. 2.

»(...) Dass er [P. Titus] in Vechta als Lehrer „absolut versagt" hat, ist bestimmt zu viel behauptet. Ich habe bei ihm Latein auf der Sexta und Französisch auf der Quarta gehabt. Ich und viele andere haben es gut gelernt. Was sein Hauptfehler im Unterricht war, ist die Tatsache, dass er auch die Schwachen und Schwächsten mitziehen wollte. (...) Über seine Leistung im Französischen kenne ich das Urteil des Kölner Gymnasialdirektors, dessen Sohn bei ihm zusammen mit mir Französisch hatte: „Eine erstklassige Aussprache hat P. Titus meinem Sohn beigebracht.«

25 Die Kollegschronik – sie wurde von Schülern geführt – ist zu unterscheiden von der Konventschronik; sie wurde von dem Chronikar des Konvents geführt.

(2)

P. Timotheus an den Provinzial[26] am 25. September 1925. Dieser Brief zeigt, dass P. Titus pädagogisch-didaktisches Interesse bekundete. Man kann dieses Interesse natürlich so und so deuten, auch u.U. als Ausdruck eines gewissen Gefühls des Unbehagens an den eigenen Fähigkeiten. Da der Brief aus dem Jahr 1925 datiert, muss man wohl annehmen, dass P. Titus auch noch zu dieser Zeit irgendwie als Lehrer tätig war.

»(...) Ein gütiger Brief von ARP Kaufmann[27] hat mich über das augenblickliche Befinden des P. Titus vollkommen beruhigt. Immerhin liegt wohl eine große Erholungsbedürftigkeit vor, die in Vechta schwerlich behoben wird. Gestatten Sie mir unter diesen Umständen, auf Grund eines Einblicks in die besonderen Verhältnisse, den Vorschlag, dass P. Titus nach dem Beichtexamen sich etwa 1 Monat, wenn mehr nicht möglich ist, in Bonn aufhält. Er sprach wiederholt von der Notwendigkeit, sich ein wenig über den Stand der Forschung in den neueren Sprachen an der ihm bekannten Bonner Universität zu erkundigen. Vielleicht könnte er auch nach Wiesbaden, wo eine Autorität in der modernen Sprachunterrichtsmethode wohnt, ein Professor, mit dem P. Titus schon lange im Briefwechsel steht. Die Kosten wären nicht so groß, weil P. Titus bei der Schwester meiner Mutter wohnt. Die Hauptsache dürfte wohl sein, dass er eine Zeit lang von Vechta fort ist. (...)«

---

26 Provinzial war P. Petrus Louven OP (1924-1928).

27 P. Albertus Kaufmann OP war Provinzial von 1907 bis 1915.

(3)
P. Hugo Krott OP bei den Befragungen zur Seligsprechung am 18. Januar 1949, Konventsarchiv, Ordner B.

»(...) Die Güte (...) blieb ihm eigen, auch als Lehrer. Er sagte einmal einem kleinen Kölner, der in der Schule nicht viel leistete [und] auch nicht in der Ordensschule geblieben ist: „Ich prügele dich nächstens 'mal durch." Da schaute der Kleine ihn treuherzig an, lächelte ein wenig und sagte: „P. Titus, das können Sie gar nicht!" Dies spielte sich nicht im Unterricht, sondern in der Rekreation[28] ab.«

(4)
In dem Nachlass von P. Titus findet sich ein Exposé des P. Titus aus dem Jahr 1920 oder 1921, in dem er Regeln für den Schulunterricht der Ordensschüler aufstellt, die offenbar dem Provinzial zur Billigung vorgelegt werden sollten, Konventsarchiv, Ordner E. Aus dieser Quelle ergibt sich, dass sich P. Titus zu Beginn seiner Lehrertätigkeit intensiv über die rechte Pädagogik Gedanken gemacht hat. (Die wörtlichen Zitate aus diesem Exposé stehen in Anführungszeichen.)

»Über die Notwendigkeit eines Turnunterrichts in allen Klassen.
Über einen besseren Deutschunterricht und die Notwendigkeit eines Lektürekanons für alle Klassen.
Über die Notwendigkeit eines solchen Kanons auch im Lateinischen und im Griechischen.
Über den schlechten Zustand des Französisch-Unterrichts am Kolleg.

28 Unter einer „Rekreation" versteht man im klösterlichen Tagesablauf bestimmte Erholungszeiten.

Über die Notwendigkeit des Repetierens im Religionsunterricht. Es werde auch nicht genug „darauf gesehen, dass die Schüler die gewöhnlichen Katechismusfragen beantworten können".
Über den wünschenswerten freiwilligen Englischunterricht schon vom 5. Jahrgang an.
Darüber, dass die drei an der Schule tätigen unterrichtenden Patres „nicht zur Aushilfe ausgeschickt werden".
„Die Patres, die nur als Lehrer angestellt sind, müssen den Verkehr mit den Zöglingen außerhalb der Unterrichtsstunden durchaus vermeiden und es muss im Interesse der Schüler strenge darauf gesehen werden. Natürlich ist auch der Verkehr der Laienbrüder mit den Schülern strengstens zu verbieten. Die Patres sind auch besonders zu ermahnen zur Vorsicht im Sprechen mit den Zöglingen, insbesondere sollen sie sich auch keiner Kritik der Anordnungen des Leiters[29] bei den Zöglingen erlauben. Kein Pater darf eine Unterrichtsstunde oder eine Aufsichtsstunde ausfallen lassen oder Stunden mit anderen vertauschen ohne Erlaubnis des Leiters. Der Prior hat kein Recht, Patres zu beschäftigen, sodass Unterrichts- oder Aufsichtsstunden ausfallen."
„Das Schlagen und Ohrfeigen soll den Patres streng verboten werden. Nur in außergewöhnlichen Fällen, aber auch dann nicht bei Schülern über 15 Jahren, kann es nach eingeholter Erlaubnis bei dem Leiter gestattet werden."
Über die Notwendigkeit guter und ausreichender Ernährung der Schüler.
Über die Notwendigkeit, dass die Schüler nicht von den Patres zu Botengängen verpflichtet werden.
Über die Notwendigkeit, dass die Schüler nicht zur Gartenarbeit herangezogen werden. „Der Unterrichtsbetrieb

29 Leiter war damals entweder P. Pius Keller OP oder schon P. Laurentius Siemer OP.

und das Studium darf in keinem Falle darunter leiden."
Über Regelungen zur Beichte der Zöglinge. (...)«

(5)

Brief von P. Timotheus an P. Titus (3. April 1921), Konventsarchiv, Ordner P.

P. Titus hätte offenbar lieber Englisch als Französisch unterrichtet. Französisch werde, so klagt er einmal an anderer Stelle [s.o. (4)], von den Schülern nicht ganz ernst genommen, nur als „Nebenfach" betrachtet.

»(...) Mache dir keine Unruhe über deinen Unterricht. Weniges bieten, aber mit Liebe, oft mit Liebe und Humor wiederholen. Nicht schon unterrichten wollen, als wäre man ein Meister, ein alter, erfahrener Schulmann. (...)

(...) Du denkst daran, noch Englisch zu geben. Ich glaube nicht, dass dies das Rechte ist. So sehr ich es verstehe und jeder es verstehen kann, dass du diese deine Lieblingssprache unterrichtest, so bin ich doch davon überzeugt, dass der liebe Gott das Opfer von dir verlangt, dass du dich nicht darum bemühst, sondern es ganz Gott überlässt, ob er es wünscht, dass du diese Kenntnisse verwertest. Ich glaube, wenn du dies Opfer, wenn auch blutenden Herzens, ganz bringst, dass Gott dann zum Lohne dir später eine Tätigkeit anweist, wo du auch dein Englisch anwenden kannst. Ich bitte dich, dies in Erwägung zu ziehen: 1.) deiner Gesundheit wegen. Je zersplitterter die Tätigkeit, umso aufreibender. (...) 2.) deines Unterrichts im Französischen wegen, für den du schon so nicht genug Zeit zur Vorbereitung hast.«

(6)

P. Timotheus in einem undatierten Brief aus dem Jahr 1920/21(?) an seinen Bruder, Konventsarchiv, Ordner P.

»(...) Deine Erziehungsprinzipien gefallen mir sehr gut, weil du die Milde nicht in den Vordergrund stellst, um dir die Arbeit zu erleichtern und es dir bequem zu machen, sondern – so macht Gott es auch. (...) Die Schutzengel müssen dir helfen bei der Aufsicht und im Unterricht. (...) Die Schüler sollen es gut haben, wenn sie auch nicht einsehen, wie gut sie es haben. Sehen wir denn ein, wie gut wir es haben?«

(7)

P. Timotheus an P. Titus (15. Februar 1922) über die Aufgabe eines Spirituals, Konventsarchiv, Ordner P. Wurde P. Titus in diesem Zusammenhang, also im Jahr 1921/22, von der Aufgabe des Konrektors und Lehrers befreit?

»(...) Dann die besten Glückwünsche zu deinem Amt als Spiritual. Gott, der dir dies schöne Amt gegeben hat, wird dir gewiss auch die Gnaden geben, und St. Josef, der Patron der Schule, und der heilige Dominikus werden dabei helfen. Gewiss werde ich im Gebete an deine Vorträge[30] denken. Das Amt entspricht ganz den Vorschriften der heiligen Kirche (can. 1358) und wird, wie auch Kardinal Frühwirth mir auf einem Spaziergang versicherte, deshalb von dem des Rektors getrennt, weil die Seelenangelegenheiten von den äußeren Dingen getrennt sein sollen.

30 Die hatte P. Titus nun als Spiritual ziemlich oft zu halten. Dazu erfragt er immer wieder den Rat seines Bruders.

Es wäre den heutigen fortgeschrittenen Ansichten im Geiste der Kirche nicht entsprechend und mit der Gefahr der Heuchelei verbunden, wenn die Weisungen für das geistliche Leben auch durch äußere Autorität urgiert [schwer leserlich] würden, was leicht, wenn auch unbeabsichtigt, eintreten könnte, wenn ein und dieselbe Person Oberer ist und die innere Seelenleitung hat. (...)«

(8)

P. Laurentius Siemer in seiner Autobiografie, Konventsarchiv, Ordner DS; Autobiografie (Manuskript), S. 165.
Es ist bei der Lektüre dieses Textes zu beachten, dass P. Titus zu der Zeit Prior von Vechta war und P. Laurentius Rektor der Schule.
Die Quelle ist interessant, weil die vielleicht berechtigte Vermutung besteht, dass sich P. Titus nicht allzu gut mit P. Laurentius verstand. Jedenfalls wird das in der Provinz so oft tradiert.

»(...) Dem P. Provinzial [P. Thomas Stuhlweissenburg] hatte ich vorgeschlagen, P. Norbert Grossgart und P. Titus Horten mir als Konrektoren zu geben. Soweit ich mich erinnere, waren sie es auch vorher schon gewesen. Vor allem legte ich Wert auf die besondere Mitarbeit von P. Titus. (...)

(...) Der Konvent stand rechtlich genauso da wie jeder andere Konvent; tatsächlich aber war er ganz anders geformt. Denn die Aufgabe der Konventualen war weniger die Aufgabe der Seelsorge, sondern in erster Linie der Unterricht in der Schule. Infolgedessen wurde ihnen die Arbeit nicht eigentlich vom Prior zugewiesen, sondern vom Rektor. Der Prior war sogar in seiner Arbeitszuteilung an die verschiedenen Patres so gebunden, dass er die Zustimmung des Rektors einholen musste, wenn er einem Pater eine größere außergewöhnliche Arbeit aufzutragen beabsichtigte. Der Rektor unterstand als solcher überhaupt nicht dem Prior, sondern unmittelbar dem Provinzial. Als Ordensmann war er trotzdem durchaus Untergebener des Priors. So überkreuzten sich vielfach die Aufgaben und die Rechte des Priors und des Rektors. Es kam ganz darauf an, ob die beiden führenden Persönlichkeiten die Klugheit und den Takt aufbringen würden, gegebenenfalls aufkommende Kompetenzschwierigkeiten zu überwinden. (...)«

(9)

Autobiografie (Manuskript) Laurentius Siemer OP, S. 165.
P. Laurentius nennt in seiner Autobiografie nicht den Namen des Mitbruders, der offenbar gegen den Musikbetrieb des Kollegs seine Einwände gemacht hat. Man könnte es sich vorstellen, dass P. Titus gemeint ist, sicher ist das aber nicht. Das Verbot, von dem in dieser Notiz die Rede ist, wurde offenbar schon sehr bald wieder aufgehoben.

»(...) Irgendein lieber Mitbruder sah in der Pflege der Musik einen Abfall vom Ernst der Schule und berichtete darüber an den Socius[31] des Generals, P. Ceslaus Mansen. Darauf kam eine Rückfrage von Rom an P. Titus Horten und anscheinend auch an den P. Provinzial. Jedenfalls erhielt ich eine Verwarnung von P. Provinzial, dass ich es mit der Musik nicht so weitertreiben und dass ich aus der

31 Stellvertreter.

Schule keine wandernde Musikbande machen dürfe. Jedes öffentliche Auftreten [des Blasorchesters] wurde verboten. (...)«

(10)

P. Laurentius Siemer OP in seiner Autobiografie zu seiner Wahl zum Provinzial 1932, Konventsarchiv, Ordner DS, Autobiografie (Manuskript), S. 233f.

Ich habe hier diese und ähnliche Quellen aufgenommen, weil sie u.U. etwas über das Verhältnis des P. Titus zu P. Laurentius aussagen.

»(...) Kurz nach Mittag kam in Vechta ein Telegramm an von Warburg[32], und zwar vom Vertreter des Vechtaer Konvents, dem P. Placidus Wehbrink, dass der Posten des Rektors in Vechta neu besetzt werden müsste. Ich wusste Bescheid. Kurz darauf wurde ich ans Telefon gerufen und hörte die Stimme unseres Priors P. Titus Horten. Er hatte sich mit P. Wehbrink ganz besonders für meine Wahl eingesetzt und teilte mir das Ergebnis mit großer Genugtuung mit. (...)«

(11)

Brief des P. Titus[33] an den Provinzial[34] vom 5. Juli 1927, Konventsarchiv, Ordner D.

---

32 Dort tagte das Wahlkapitel der Ordensprovinz „Teutonia", auf dem P. Laurentius zum Provinzial gewählt wurde.

33 P. Titus war zu dem Zeitpunkt Prior des Konvents in Vechta.

34 Provinzial war P. Petrus Louven OP (1924-1928).

»Vechta (St. Josephs-Kolleg) 5.7.1927

Lieber hochwürdiger P. Provinzial!
Zu der Sache mit Bruder Heinrich [Ginsterblum] möchte ich folgende Bemerkung machen. Da Bruder Heinrich mit Schülern und Brüdern sehr abfällig über die sittliche Haltung der Schüler gesprochen hat – das Nähere wird Ihnen P. Rektor[35] mitteilen – ‚so ist es gut, dass Bruder Heinrich aus der Schule weggenommen wird. Er geht heute an Stelle von Br. Hieronymus [Willeke] nach Schwichteler. Auf der anderen Seite aber glaube ich mich im Gewissen verpflichtet, Ihnen zu sagen, dass doch grundsätzlich etwas Wahres daran ist. M.E. ist P. Rektor zu optimistisch und schenkt vielleicht manchmal zu viel Vertrauen. Es fehlt im St. Josephs-Kolleg an Aufsicht, und außerdem scheint mir RP Rektor[36] nicht konsequent genug in der Bestrafung. RP Rektor handelt zu impulsiv. Er müsste sich von festen Richtlinien leiten lassen, die von Ihnen, hochwürdiger P. Provinzial, vielleicht nach Rücksprache mit dem RP Rektor und den beiden Konrektoren [P. Innocenz Strunk und P. Swidbert Soreth] festzusetzen wären. Dies meine Meinung zur Richtigstellung dessen, was RP Rektor Ihnen berichten wird. Mündlich kann ich vielleicht noch weiter darüber mit Ihnen sprechen. Über den Inhalt dieses Briefes ist RP Rektor nicht informiert.
Ihr in S. Dominico gehorsam ergebener fr. Titus M.«

(12)

P. Titus zur Provinzialswahl von P. Laurentius Siemer OP, Konventsarchiv, Ordner E, an Br. Thaddäus Nowak OP in der Mission.

35 Das war zu dem Zeitpunkt P. Laurentius Siemer OP.

36 Die Abkürzung „RP“ Rektor besagt: reverendus Pater, Hochwürden Pater

»(...) Heute war die Abschiedsfeier von P. Provinzial. Er hat ein großes Herz für die Mission, also freuen Sie sich! Sonst geht alles so weit gut. Es werden also im nächsten Jahr große Veränderungen folgen. Vorläufig arbeitet der neue Provinzial vorsichtig und umsichtig und klug. (...)«

(13)

P. Laurentius an P. Titus, Brief vom 13. Juli 1934, Konventsarchiv, Ordner „Briefe an P. Titus".

»(...) Zunächst herzlichen Dank für all das, was Sie die letzten Wochen für die Provinz getan haben. Ich habe leider nicht die Gabe, meinen Dank so abzustatten, wie ich es gerne möchte. Sie können mir aber glauben, dass ich meine Schuld Ihnen gegenüber recht tief empfinde. Möge der liebe Gott Ihnen alles vergelten. Wenn alle Mitglieder der Provinz ein solches Gemeinschaftsinteresse hätten, würden alle Schwierigkeiten behoben sein. (...)«

(14)

P. Laurentius Siemer OP – in Antwort auf eine entsprechende Befragung am 19. November 1947, wahrscheinlich im Zusammenhang mit dem Seligsprechungsprozess, Konventsarchiv, Ordner B.

Die nachfolgende Aussage des P. Laurentius fällt im Vergleich zu den meisten anderen Zeugenaussagen, die fast immer in überschwänglichen Tönen von P. Titus berichten, sehr nüchtern aus. Allerdings ist hier zu berücksichtigen, dass des P. Laurentius Stil, wie ich meine, grundsätzlich anders, moderner ist als der seiner Zeitgenossen.

»(...) An Einzelheiten erinnere ich mich nicht mehr, wohl aber daran, dass seine geistige Befähigung mir trotz seiner Promotion nicht besonders imponierte. Manchmal schien mir Frater[37] Titus, der sehr fleißig war, reichlich primitiv zu denken. (...) Ich hatte gern mit ihm Umgang, besonders in der Rekreation[38] und auf Spaziergängen, weil sein an sich grob geschnittenes Gesicht sehr ausdrucksvoll war und alle seine Empfindungen sich auf seinem Gesicht, vor allem in seinen Blicken und in seinem Lächeln außergewöhnlich klar und deutlich widerspiegelten. Es schien mir, dass Frater Titus bei seiner mittelmäßigen Begabung wohl nur deshalb zum Studium gekommen sei, weil er aus reicher Familie stammte, sonst vielleicht ein einfacher Mensch geblieben wäre. Auch hatte ich den Eindruck, dass der Wechsel des Studiums von der Jurisprudenz zur Philologie und dann zur Theologie mehr oder weniger aus Mangel an Beruf für ein bestimmtes Studium geschehen sei. (...)

Als es hieß, einer von uns würde nach Rom geschickt werden zum Studium am Collegium Angelicum, dachte keiner so recht an Frater Titus; er zeichnete sich zu wenig aus in Bezug auf Begabung. Trotzdem fiel die Wahl auf ihn, und von allen wurde diese Wahl mit Genugtuung begrüßt, weil man glaubte, dass Frater Titus wegen seines Ordenslebens in jeder Hinsicht die Auszeichnung verdient hätte. (...)

Im Herbst des Jahres 1916 kam ich als Lehrer nach Vechta; P. Titus folgte mir dorthin ein Jahr später. Von 1917 bis zum Herbst 1932 arbeitete ich mit P. Titus zusammen.

---

37 „Frater" ist die offizielle Bezeichnung eines Mitbruders, der noch nicht zum Priester geweiht ist.

38 „Rekreation"; vgl. Anm. 28.

Zunächst waren wir beide nebeneinander und miteinander als Lehrer tätig, dann war ich Rektor und P. Titus mein Konrektor, später Prokurator, dann Prior. In diesen Jahren lernte ich P. Titus immer näher kennen. (...) Körperlich blieb P. Titus, als was ich früher schon erkannt hatte, nämlich ein fast unnatürlich langer, aber wenig stabiler Mensch. Man sah es ihm an, dass er an körperlicher Schwäche litt, aber er gab dieser körperlichen Schwäche nur dann nach, wenn es einfach nicht anders ging. Dabei nahm seine habituelle Schwäche von Jahr zu Jahr zu, zugleich wuchs aber auch sein seelischer Widerstand dieser körperlichen Schwäche gegenüber. (...)

P. Titus war kein Pädagoge. Er liebte die Jugend sehr, aber wie er selbst den Schülern fast fremdartig vorkam, wusste auch P. Titus mit den Schülern, vor allem, wenn sie als Masse auftraten, wenig anzufangen. Nicht selten stand er jugendlichen Unzulänglichkeiten völlig ratlos gegenüber. Die Folge war, dass man ihn schon nach wenigen Jahren vom Unterricht befreite und ihm andere Aufgaben stellte. P. Titus empfand die Befreiung vom Unterricht zwar als Dokumentierung einer Schwäche, aber zugleich auch als langersehnte Erleichterung. Dabei gab es keinen Jungen, der nicht vor P. Titus als Menschen und Ordensmann die größte Hochachtung zeigte. (...)

Ein einziges Mal, soweit ich mich erinnere, hatte ich als Rektor mit ihm einen Zusammenstoß, weil er in einer pädagogischen Angelegenheit anders dachte als ich. In der Meinung, bei diesem Zusammenstoß zu heftig mir gegenüber gewesen zu sein, bat er zweimal in demütigster Form um Verzeihung, ohne seine persönliche Meinung über die Angelegenheit aufzugeben. (...)«

(15)
Zeugenaussage P. Otmar Decker OP über das Verhältnis von P. Laurentius Siemer OP zu P. Titus, Konventsarchiv, Ordner B.

»(...) Es ist Wahrheit (...), dass die Ursache dafür, dass P. Laurentius angeblich sehr schweigsam im Informationsprozess war, im Folgenden liegen kann: P. Titus und P. Laurentius waren sehr verschiedene Charaktere und hatten – rein menschlich gesehen – nicht viel Berührungspunkte, außerdem ging P. Laurentius als Rektor der Schule ganz in seiner Aufgabe auf, er widmete sich vollauf der Erziehung und dem Unterricht der Jugend, sorgte für den Aufbau und Ausbau der Schule und hatte außerdem eine ziemlich selbständige Stellung als Rektor, da die Schule Angelegenheit der Provinz war. Obwohl P. Titus und P. Laurentius zum selben Konvent gehörten, kamen sie doch nicht viel zusammen, da P. Laurentius viel in der Schule festgehalten wurde und P. Titus tagsüber meistens sich im St. Josefskonvikt aufhielt. So konnte P. Laurentius wahrscheinlich gar nicht viel aussagen über P. Titus. (...)«

3. Politisches bis 1930

Ich habe versucht, so ziemlich jede politische Anmerkung, soweit sie sich in den in unserem Archiv vorliegenden Quellen und Zeugnissen zu und um P. Titus gemacht werden, zu sammeln. Es fand sich so gut wie nichts. Auch das ist natürlich ein eigentlich zu interpretierender Befund. Es ist, als habe unser Konvent eigentümlich zeitenthoben dahingelebt. Die Notizen, die ich fand, dokumentieren, dass unser Konvent politisch ziemlich „rechts“ orientiert war. Das wird sich im nächsten Kapitel bestätigen. P. Titus selbst äußert sich in diesen turbulenten Jahren so gut wie gar nicht zu den Fragen, die doch damals die Zeit bewegten.[39]

(1)
Aus der Konventschronik zum Jahr 1919, S. 94.

»(...) Der 1. Mai, der in diesem Jahr zum ersten Male als staatlicher Feiertag begangen wurde – von den Sozialdemokraten war er als solcher schon längst als freier und [als] Feiertag anerkannt – verregnete, Gott sei Dank, ziemlich gründlich, sodass wohl keine großen äußeren Demonstrationen stattfinden konnten.«

(2)
Unbekannter Verfasser an P. Titus (26. September 1921), Konventsarchiv, Mappe Biografisches.

»(...) Von den schweren Lasten, die uns neuerdings unsere Feinde aufgebürdet haben, hast Du ja gehört und gelesen. Im Innern unseres Vaterlandes vergießen die Kommunisten (unter Führung von meist jüdischen, vielfach erst in den letzten Jahren in unser Vaterland und von unserer famosen Regierung, die ja leider übermäßig stark mit jüdischen Ele-

39 Die Schülerchronik, also die Kollegschronik äußert sich etwas öfter zur Tagespolitik. Aber auch diese Notizen oder Anmerkungen bestätigen, dass nicht nur der Konvent, sondern auch das Kolleg politisch „rechts“ dachte, während der Weimarer Zeit dem Zentrum nahe stand und später, nach 1930, den Deutschnationalen, den Hindenburg-Parteien. Über die Sozialdemokratie wird eigentlich nur gespöttelt. Aber auch für die Kollegschronik gilt, dass sie Politisches kaum reflektiert.

menten durchsetzt ist, liebevoll behandelten Gesindels) Bundesblut. Sie wollen uns mit einer ganz jüdischen Regierung nach Moskauer Muster beglücken. Wenn doch unsere Regierung das jüdische Gesindel mit dem 10. Teile der Tatkraft behandeln wollte, mit der vor 30 und vierzig Jahren die preußische Regierung die katholischen Bischöfe, Priester und Ordensleute wegen der „Verbrechen", wie Messelesen, Spendung der heiligen Sakramente an Sterbende usw. verfolgte, dann wäre viel gewonnen. (...)«

(3)

Aus den Notizen aus der Hinterlassenschaft von P. Timotheus Horten OP, Konventsarchiv

P. Pius Keller OP über den Reichskanzler Cuno[40] *an P. Timotheus (Januar 1923).*

»(...) Wie traurig sieht es jetzt doch infolge des Vorgehens der Franzen [so im Original, dann aber schon im Original verbessert in: der Franzosen] in Deutschland aus. CUNO hat wahrscheinlich keine leichte Aufgabe. Es scheint, dass er fast von allen geächtet wird. Beten Sie auch etwas für den armen Mann. (...)«

(4)

Konventschronik, S. 173f., über den Bäckermeister des Kollegs, Herrn Peter Pesch.

Herr Pesch wird auch in Briefen des P. Timotheus öfter erwähnt, immer voller Anerkennung seiner Dienste für den Konvent.

---

40 Reichskanzler Cuno war offenbar mit P. Pius bekannt. War er Schüler am Albertinum in Venlo gewesen? Oder war ein Sohn Cunos Schüler in Vechta?

»(...) Unser guter, aber politisch unkluger Bäckermeister Peter Pesch hatte bei der Frage bzw. dem Volksentscheid über die entschädigungslose Enteignung der Fürstenhäuser[41] mit „Ja" gestimmt und vorher in seinen Kreisen, besonders in Carum bei Bakum, mit Erfolg andere für seine Meinung gewonnen. Infolge davon erschien eine Notiz in unserer Oldenburgischen Volkszeitung, in der er mit Recht getadelt wurde, dass er gegen den Rat und die Aufforderung aller deutschen Bischöfe, nicht mit Ja zu stimmen, viele Leute zur entgegengesetzten Handlung verleitet habe. (Pesch, früher eifriges Mitglied der Zentrumspartei, ist seit mehreren Monaten ausgetreten und hat sich der sog. „Christlich-sozialen Partei" angeschlossen, die sehr weit links steht, aber durchaus christlich bleiben will). (...) Im Übrigen ist Peter Pesch ein treuer, unserer Schule mit 13 Jahren innig ergebener, vollständig zum Hause gehörender, tüchtiger, religiöser Bäckermeister, auch eifriges Mitglied des katholischen Gesellenvereins. Aber die leidige Politik!! (...)«

(5)

P. Titus an den Vikar der Mission, P. Jordanus Himioben OP am 12. August 1924, Konventsarchiv, Ordner E.

»(...) Haben Sie bitte etwas Geduld, langsam, aber sicher fängt unser armes Deutschland an, aus der schweren Krisenzeit zu genesen. Wenn wir erst die Besatzung aus dem Lande haben, die immer noch mitten im Herzen der Industrie ihr Quartier aufgeschlagen hat, kommen wir

41 Dieser Volksentscheid fand statt am 20. Juni 1927. Es fand sich keine Mehrheit für die entschädigungslose Enteignung.

wieder ganz zu Atem. Die Goldmark ist auch jetzt wirklich da, aber es ist zu wenig Geld unter dem Volke. (...)«

Am 17. Oktober 1924.
Ebenso.

»(...) Hoffentlich ist es auch uns armen Deutschen möglich, Ihnen in China bald finanziell beizustehen. Langsam, langsam klären sich hier die Verhältnisse. Die schweren Wunden, die die letzten zehn Jahre geschlagen, können nicht so schnell heilen. Aber die alte Lebenskraft liegt noch im deutschen Volke und wir dürfen hoffen, mit der Gnade Gottes die Krisis zu überwinden. (...)«

(6)
P. Titus in einem der vielen Briefe an P. Valentin Schwarz OP in der Mission. P. Titus unterrichtet P. Valentin stets über Provinzneuigkeiten, eigentlich aber nie über die Geschehnisse in Deutschland. Hier eine Ausnahme: Brief vom 2. Februar 1932, Konventsarchiv, Ordner E.

»(...) Sonst nicht viel Neues hier, nur dass die Not in unserem Vaterlande immer größer wird und sich immer mehr fühlbar macht. (...)«

(7)
Spanische Revolution (1930) (Konventschronik, S. 243).
Weil sich die Konventschronik über das Ende der Weimarer Republik nahezu völlig ausschweigt, sei diese Notiz unserer Chronik festgehalten.

»Klostersturm in Madrid und Abdankung des Königs von Spanien Alphons.«

4. Der Nationalsozialismus ab 1930

Die Quellen, die ich in diesem 4. Kapitel zusammengetragen habe, informieren darüber, wie der Konvent zu Vechta den Nationalsozialismus wahrgenommen, ob er ihn wahrgenommen hat. Dies mag wichtig sein, um sich ein wenig die politische Mentalität des P. Titus vorstellen zu können.

(1)
Die politischen Unruhen der dreißiger Jahre und der Untergang der Weimarer Republik finden in der Chronik kaum ein Echo. Deshalb diese kleine Notiz zur Reichspräsidentenwahl im April 1932[42]*, Konventschronik, S. 275. Chronikar ist P. Norbert Grossgart OP.*

»(...) Auch im April fand die 2. Reichspräsidentenwahl statt, die wie ihre Vorgängerin im März wiederum sehr ruhig verlief. Wäre es nur überall so wie hier im ruhigen und konservativen Südoldenburg. (...)«

42 Gewählt wurde 1932 (im 2. Wahlgang) Hindenburg.

(2)

Auch über die Arbeitslosigkeit (1931) berichtet die Chronik kaum; ich fand nur diese Notiz auf S. 255 der Konventschronik.

»Gestern Mittag (17. August) 21 Arbeitslose an der Pforte Mittagessen und am Abend auch immer eine ganze Reihe von Kostgängern, die keine Arbeit haben! Wo soll das nur hinführen? (...) Deus providebit![43] Das gilt auch noch für diese ernste Zeit, wenn wir nur unsere Pflicht tun und Vertrauen haben. (...)«

(3)

P. Titus an den Vikar in der Mission, P. Karl Bosslet OP, am 27. Januar 1932, Konventsarchiv, Ordner E. Zur Erläuterung: P. Titus schrieb sehr viele Briefe in die Mission, und er unterrichtete in ihnen stets ausführlich darüber, was in der Ordensprovinz geschah, aber selten darüber, was sich politisch im Deutschen Reich ereignete.

»(...) Sonst ist die Not hier im Vaterlande sehr groß, sechs Millionen Arbeitslose. Wenn Sie dazu die Familien stellen, haben Sie ungefähr 20 Millionen, die von Staats wegen erhalten werden. Da können Sie [sich] denken, was das eine Last ist, und wie lange soll das der Staat noch tragen können. Und dabei sollen wir noch Reparationen zahlen. Die Arbeitslosigkeit hat auch schwere moralische Defekte zur Folge, Müßiggang ... ist aller Laster Anfang. Beten Sie! Wir müssen uns durchhelfen. Dabei kommen auch wieder Landtagswahlen und die Reichspräsidentenwahl, sodass die Gemüter reichlich in Bewegung gehalten wer-

43 Deutsch: Gott möge vorsehen.

den. Was soll das geben? Möchte alles unserem Vaterlande zum Besten dienen. (...)«

(4)

Am 5. Mai 1933.

»(...) In unserem Vaterlande sind ganz neue Verhältnisse. Hitler ist der Mann des Tages. Hoffentlich kann er die Menge befriedigen und den Millionen Arbeit und Brot geben. (...)«

(5)

Die Albertusfeier 1932 anlässlich der Heiligsprechung Alberts des Großen dokumentiere ich ziemlich ausführlich, weil sie in Füchtel mit einer Zusammenkunft des Friedensbundes deutscher Katholiken[44] *unter der Leitung eines Herrn Krämer – er war Lehrer am Kolleg – verbunden wurde. Diese Versammlung führte dann in Füchtel zu einigen Irritationen.*

---

44 Der „Friedensbund deutscher Katholiken" wurde 1919 von Josef Kral (1887-1965) u.a. gegründet. Anlass dazu war der gegen Ende des 1. Weltkriegs erfolgte Friedensaufruf Papst Benedikts XV. (1914-1922). Erster Vorsitzender war der erwähnte Josef Kral. Zweiter Vorsitzender war für kurze Zeit Matthias Erzberger. Leitfigur dieses Friedensbundes war von Anfang an P. Franziskus Stratmann OP. Sein Buch „Weltkirche und Weltfriede" bot die entscheidende Grundlage des katholischen Friedenshandelns (vgl. Franziskus Stratmann, Weltkirche und Weltfriede. Katholische Gedanken zum Kriegs- und Friedensproblem, Augsburg 1924). Mit Nachdruck setzten sich in den zwanziger Jahren unter anderen für den Friedensbund ein: Friedrich Dessauer und Walther Dirks. Mit etwa 8.000 aktiven und 40.000 korporativen Mitgliedern war der Friedensbund die zweitgrößte pazifistische Organisation. Hinter sie stellte sich auch engagiert Kardinal Michael von Faulhaber. Im Übrigen verhielten sich aber die deutschen Bischöfe mehr oder minder zurückhaltend. Seit 1930 bekämpfte der Friedensbund den Nationalsozialismus. Sein damaliger Vorsitzender P. Stratmann erbat

Brief des P. Titus an Bruder Theodor Pelzer OP[45] *(17. November 1932), Konventsarchiv, Ordner „Korrespondenz".*

»(...) Hier ist nicht viel Neues zu verzeichnen. Das Triduum [zur Albertusfeier] ist ganz ruhig verlaufen. Es war aber doch recht schön. Pater Franziskus Stratmann hielt die Predigten. (...)«

Vgl. auch an denselben am 7. November 1932 (Konventsarchiv ebd.).

»(...) Am 11., 12., 13. [November] haben wir unser kirchliches Triduum zu Ehren des heiligen Albertus Magnus mit Hochamt und Festpredigt. Am 29. unsere weltliche Feier auf der Aula des Gymnasiums. Prälat Dr. Donders aus Münster wird die Festpredigt halten. (...)«

P. Titus in einem Brief an P. Valentin[46] *vom 27. September 1933, Konventsarchiv, Ordner E, über P. Franziskus Stratmann OP*[47].

»(...) P. Franziskus M. Stratmann ist wieder frei, ist einstweilen im Kölner Kloster in Haft unter Aufsicht von P.

1933 eine Intervention der deutschen Bischöfe zu Gunsten der Juden, ohne Erfolg. Am 1. Juli 1933 wurde der Friedensbund in Deutschland verboten, führende Mitglieder wurden verfolgt. P. Stratmann überlebte im niederländischen Untergrund. Vgl. Beate Höfling, Katholische Friedensbewegung zwischen zwei Kriegen. Friedensbund Deutscher Katholiken 1917-1933 (Tübinger Beiträge zur Friedensforschung und Friedenserziehung Bd. 5), Waldkirch 1979; Paulus Engelhardt, Der Friedenskämpfer. Zum 100. Geburtstag von P. Franziskus Maria Stratmann OP (8.9.1883), in: Wort und Antwort 24 (1983), 111-120.

45 Missionar in China (?).

46 Missionar in China.

47 Zu P. Franziskus vgl. Rainer Maria Groothuis, Im Dienste einer überstaatlichen Macht. Die deutschen Dominikaner unter der NS-Diktatur, Münster 2002, 405ff..

Provinzial. Er darf die hl. Messe lesen, predigen usw., nur darf er das Kloster nicht verlassen. (...)«

(6)
Der Fall „Krämer" – nachfolgende Urkunden zum Fall „Krämer" sind wohl ziemlich aufschlussreich a) für die geistig-politische Mentalität der Provinz, aber b) auch für die von P. Titus.

Provinzial P. Laurentius Siemer OP an P. Reginald Weingärtner OP[48] (Dezember 1932), Fotokopie Konventsarchiv „Mappe Quellen", Nr. 8.

»Hochwürdiger, lieber P. Reginald!
In den Räumen des Kollegs hat anlässlich der Feierlichkeiten zu Ehren des hl. Albertus Magnus eine Tagung des katholischen Friedensbundes stattgefunden.
Ich habe mit Genugtuung festgestellt, dass von den Patres, die am Kolleg unterrichten, nur der Pater Präfekt[49] eine kurze Zeit der Sitzung beigewohnt, bald aber den Sitzungsraum verlassen hat. Ich billige durchaus dieses Verhalten, da nach meiner Ansicht die an sich lobenswerten Bestrebungen des Friedensbundes Deutscher Katholiken nicht selten Formen annehmen, die der Ehre des Vaterlandes und der Würde des deutschen Staatsbürgers Abbruch tun, den Grundsätzen der christlichen Moral widersprechen und auf junge Leute geradezu verderblich wirken. Wenn in dieser Sitzung bedauert worden ist, dass gerade die Schüler der Ordensschule nicht Mitglieder des Friedensbundes seien, so bitte ich, dieses Bedauern als Lob zu betrachten.

48 Er war Rektor des Kollegs.
49 Das war P. Aurelius Arkenau OP.

Dagegen muss ich es als eine Entgleisung ansehen, dass man der Versammlung überhaupt einen Raum zur Verfügung gestellt hat. Solche Sitzungen dürfen nicht wieder in den Räumen des Kollegs abgehalten werden. Weiter ist es zu bedauern, dass der Pater Präfekt die Sitzung nicht verboten, sondern nur stillschweigend den Saal verlassen hat; auch war es unklug, einigen Unterprimanern zu gestatten, an der Sitzung teilzunehmen, selbst dann, wenn sie nur aus Neugierde teilnehmen wollten.
Sehr befremdet hat mich das Verhalten von einigen weltlichen Herren unserer Anstalt, die den Worten des Redners zugestimmt oder doch nicht ihrem Unwillen offenen Ausdruck gegeben haben. Ich habe zwar nicht das Recht, die Überzeugung unserer Lehrer zu binden; es steht mir aber zu, von ihnen ein äußeres Verhalten zu fordern, das der Tradition der Schule und den Absichten des Ordens entspricht. Ich bitte Sie, die Herren auf diese Pflicht aufmerksam zu machen und zugleich darauf hinzuweisen, dass unter Umständen eine weitere Zusammenarbeit mit ihnen für uns nicht mehr in Frage kommen könnte.
Mit P. Stratmann werde ich an anderer Stelle reden.
Ihr ergebener fr. Laurentius Siemer O.P.«

P. Provinzial an P. Präfekt Aurelius Arkenau OP im Schreiben vom 10. April 1933, Archiv der Dominikanerprovinz Teutonia, Köln, Schriftwechsel (nach Orten), Oldenburger Volkszeitung vom 10. April 1933 (Der Auszug befindet sich als Abschrift im Konventsarchiv Mappe „Quellen", Nr. 9).

»(...) Für Herrn Krämer kann ich jetzt nichts mehr machen. Wenn Oldenburg entsprechend handeln sollte, müssten wir einfach die Tatsachen hinnehmen. Für Krämer tut es mir leid, besonders auch für seine Familie. Für

uns tut es mir nicht leid.
Ich bitte P. Reginald, keine Anstellung vorzunehmen ohne Rücksprache mit mir. (...)«

Brief von P. Provinzial (der Absender fehlt zwar in der Fotokopie, kann aber ganz sicher erschlossen werden) an P. Reginald (auch der Empfänger fehlt auf der sehr verderbten Fotokopie; ich bin mir des Empfängers nicht ganz sicher) vom 20. Januar 1933, Konventsarchiv Mappe „Quellen", Nr. 10. Der Empfänger könnte auch P. Placidus Wehbrink OP sein.

»Für Ihren Brief recht herzlichen Dank. Dass das Weihnachtsfest so schön verlaufen ist, freut mich sehr.
Sie haben offenbar eine glückliche Hand gehabt und gerade die Schüler nach Hause geschickt, die unbedingt geschickt werden mussten. Seien Sie bitte in der Aufnahme ebenso klug, damit die Schule nicht belastet wird, weder mit Dummheit noch mit finanzieller Unzulänglichkeit. Sie wissen ja, dass jede Pensionsermäßigung von mir genehmigt werden muss.
Das Abitur wird hoffentlich ohne Schwierigkeiten verlaufen.
Die Friedenstagung ist immer noch nicht erledigt. Ich habe persönlich nach Oldenburg geschrieben. Herr Krämer ist vom Minister zitiert worden, weil ich den Minister darum gebeten hatte. Nach meiner Meinung wird Herr Krämer mit einem blauen Auge davonkommen, sonst hätte der Minister ihn nicht kommen lassen. Ich bitte Sie aber, in Zukunft recht klug zu sein. Prinzipientreue ist gut, Prinzipienreiterei eine große Schwäche. (...)«

Brief des P. Titus an den Provinzial vom 5. September 1933, Konventsarchiv, Ordner E.

Herr Krämer wurde also, das ergibt sich aus nachfolgendem Text, nach seiner von Oldenburg erfolgten Entlassung aus dem Schuldienst, im Albertus-Magnus-Verlag (Leitung P. Titus) gewissermaßen wieder eingestellt. Auf wessen Veranlassung ist unklar; vermutlich hat P. Titus diese Sache veranlasst.

»(...) Es freut mich, dass Sie Herrn Krämer helfen wollen. Es wird uns auch Gottes Segen bringen, wenn wir die Familie unterstützen. Beschäftigen wir Herrn Krämer für den Verlag, dann kann er ja die Redakteure der Zeitschriften bedeutend entlasten; ebenso könnte er den FK- und RK-Kalender[50] als Unterredakteur bearbeiten, auch manche Bücherbesprechungen etc. ausarbeiten, vielleicht auch etwas im „Dominikanischen Geistesleben" mitarbeiten. Wenn Herr Krämer auch etwas für die Insertion und Propaganda im Verlag tun könnte, wäre es uns angenehm; die Schwestern können sich dafür nicht genügend Zeit nehmen.
Sonntagabend war ich bei Herrn Krämer und habe mit ihm und seiner Frau gesprochen. Er hat noch ein Netto-Gehalt von 150 bis 160 M monatlich. Damit könnten die Personen, die zu Hause sind, wohl auskommen – es sind Herr Krämer und seine Frau, Anneliese und Hans. Der älteste Sohn Nikolaus müsste ja wohl weiter studieren. Er käme aus mit 150 M monatlich, und das müssten wir dann zahlen. – Ich meine, die Tochter Anneliese sollte im Winter zu Hause bleiben und im Haushalt helfen. Dafür brauchten sie dann kein Dienstmädchen [zu] halten. Über diesen Punkt habe ich noch nicht mit den Eltern gesprochen. Ich glaube, in der heutigen Zeit ist es nicht not-

50 Findelkind-Kalender; Rosenkranz-Kalender, herausgegeben vom Albertus-Magnus-Verlag.

wendig, dass ein Mädchen Mathematik und Naturwissenschaft studiert, zumal wenn die Unkosten für das Studium nicht aufgebracht werden können. (...)«

(7)
Im Folgenden sammle ich Materialien zur HJ-Mitgliedschaft der Kollegianer (Kolonial-HJ).

Absender unbekannt (Schulleitung?) an den Führer des Gebietes 7 „Nordsee", Herrn Gebietsführer Lühr Hogrefe, Oldenburg, 1. Dezember (1937?),
Fotokopie im Konventsarchiv Mappe „Quellen", Nr. 9.

»Laut Mitteilung des Bannführers, Herrn Heinrich Brockmann, vom 27. November 1936 und des Jungbannführers, Herrn Herbert Heiken, vom 30. November sind die Gefolgschaft 4/225 und der Jungzug IV/2/1/225 am 24.11.1936 von Ihnen aufgelöst und die Jungen aus der Hitlerjugend und dem Deutschen Jungvolk ausgeschlossen worden. Wir legen gegen diese Maßnahme schärfsten Protest ein. Denn wir können die uns anvertrauten Jungen nur in Verbundenheit und Übereinstimmung mit der Bevölkerung des Münsterlandes und insbesondere mit den Eltern unserer Schüler am H.J. - und am Jungvolkdienst teilnehmen lassen. Da jedoch die überwiegende Mehrheit der Münsterländer und der bezeichneten Eltern gegen den Ministerialerlass bezgl. der Entfernung der Kruzifixe und Lutherbilder aus den öffentlichen Schulen[51]

51 Zum so genannten „Kreuzkampf" (1936) vgl. Rudolf Willenborg, „Wir wollen Christen sein und keine Neuheiden". Die Entkonfessionalisierung der Schulen in Oldenburg, der Schulkampf in Goldenstedt, die Ausweisung des Offizials Vorwerk und der Versuch einer Zerschlagung der Kirchenleitung in Vechta, in: W. Baumann / M. Hirschfeld (Hrsg.),

heftig protestierten, würde eine andere Handlungsweise unsererseits unverständlich gewesen sein. Durch die Zurücknahme des Erlasses durch Herrn Reichsstatthalter Röver ist die Erregung der Bevölkerung behoben und somit dem Ausschluss unserer Jungen aus der Hitlerjugend und dem Jungvolk die Grundlage entzogen.
Heil Hitler (kein Namenszug)«

Zum Geist der Kolonialhitlerjungen vgl. die Chronik, S. 325f.; dort zwei Zeitungskurzartikel. Und dann ist in der Chronik selbst zu lesen.

»(...) Heute Nachmittag 2 Uhr kam der Führer vom Unterbann Vechta, Voeth, zu uns, um unsere HJ zu besichtigen und einige Angelegenheiten vor endgültiger Festlegung zu besprechen. Wir gehören (d.h. unsere Schüler) von jetzt an alle der Kolonialhitlerjugend an. Unsere „Gefolgschaft Füchtel" ist eingeteilt in drei Scharen, von denen jede wiederum drei Kameradschaften zählt. Den näheren inneren und äußeren Ausbau überlässt der Unterbann unserer eigenen, oftmals anerkannten Initiative. So bleibt für unser Internatsleben das „dominikanische Geistesleben" restlos gewahrt. (...)«

Dazu findet sich an dieser Stelle ein kurzer Zeitungsbericht aus der Oldenburger Volkszeitung zum Leben dieser Kolonial-HJ[52]*:*

Christenkreuz oder Hakenkreuz. Zum Verhältnis von katholischer Kirche und Nationalsozialismus im Land Oldenburg (Quellen und Beiträge zur Geschichte des Oldenburger Landes Bd. 4), Vechta 1999, 34-70.

52 Aus der Zeitungsnotiz ist zu erschließen, dass sie von einem Mitglied des Konvents oder der Schule verfasst worden ist.

»Am Abend des 12. November fand sich unser Kolleg zu einer Feierstunde zusammen, um das Leben und Werk unseres Führers Adolf Hitler näher kennen zu lernen. Im Anschluss an ein Musikstück zeigte uns Studienassessor Kramer[53] an Hand von Lichtbildern die Entstehung und das Werden der Bewegung, die heute das ganze deutsche Volk unter ihrem Banner vereinigt. In zähem Kampfe mit wechselndem Erfolge führte der unbekannte und ungenannte Soldat des Weltkrieges seine Bewegung aus den kleinsten Anfängen zu der Macht und Größe, die wir heute bewundern. Ein Merkmal strich der Redner in der Entwicklung der Partei besonders heraus: Der ruhmreiche Kampf 1923 vor der Feldherrnhalle in München, in dem 16 Kameraden der SA für Deutschlands Erhebung und Befreiung ihr Leben opferten. Deutsche Kraft und deutschen Willen enthielt das letzte Bild. Der Handschlag des greisen Generalfeldmarschalls mit dem einfachen Soldaten. Unter ihrer Führung wird unser geliebtes deutsches Vaterland wiedererstehen zu früherer Macht und Ehre. Mit dem Deutschland- und Horst-Wessel-Lied fand die Feier einen würdigen Abschluss. Tief lebt in uns wieder die Überzeugung: „Welches Volk sich selbst empfunden, ward vom Feind nie überwunden!"«

Aus der Konventschronik, S. 323, Staatsminister Pauly in Füchtel 1933.

»(...) Ein ganz großer Tag: Von Oldenburg traf um 1/2 3 Uhr Herr Staatsminister Dr. Pauly zum Besuch unseres Kollegs ein. Zum Empfang wehte auf dem Eichbaum am Heiligenhäuschen (Toreingang zum Kolleg) zum ersten

53 Nicht zu verwechseln mit dem früher erwähnten Studienrat Krämer.

Male die Hakenkreuzflagge. Über den Besuch selbst berichtet die hiesige Zeitung wie folgt:

„Staatsminister Dr. Pauly weilte am Montag, dem 16. Oktober, in Vechta. Am Morgen besichtigte er mit Herrn Offizialatsverwalter Pastor Vorwerk das Offizialatsgebäude. Nachmittags weilte er in der Ordens- und Missionsschule Füchtel. Die Schüler und die Kapelle empfingen den Staatsminister vor der Schule. Unter Begleitung der Herren Patres und der Lehrer besichtigten die Oldenburger Gäste das Haus, die Schule und die Turnhalle, besonders die reichhaltigen Sammlungen von P. Reginald[54] und das Atelier von P. Thaddäus[55]. Bei der Kaffeetafel begrüßte P. Provinzial Laurentius Siemer, der zufällig in Vechta anwesend war, den Herrn Staatsminister. Es sei ihm als Oldenburger eine besondere Freude, den Minister begrüßen zu können. Nationalsozialistische und katholische Ideen träfen sich mehr, als man gewöhnlich annehme. Der bedeutendste Lehrer der katholischen Kirche, der Dominikaner Thomas von Aquin, betone die Pflicht der Vaterlandsliebe als sittliche Tugend. Der autoritäre Gedanke komme gerade in der Auffassung der katholischen Kirche stark zum Ausdruck. Im katholischen Ordensstande sei der Gemeinschaftsgedanke vielleicht mehr als irgendwo anders zu Hause. Darum wolle die Schule treu zum neuen Staate stehen und mit der Schule die Lehrer und Patres. Die Schule wolle die Jungen zu ganzen Katholiken und zu ganzen Deutschen erziehen; zu Deutschen, die nicht nur vom Blute, sondern auch von

---

54 Gemeint ist die umfangreiche mineralogische Sammlung von P. Reginald Weingärtner OP, die heute als Dauerleihgabe in der Hochschule Vechta zu sehen ist.

55 P. Thaddäus Roth OP, Kunsterzieher am Kolleg.

ihrer Religion her ihrem Vaterlande alles zu geben bereit seien. Aus diesem Grunde sei auch die ganze Schule der Hitlerjugend beigetreten. Wohl wüsste man, dass die Erscheinungsform nie die Idee zu verwirklichen vermöchte, dass bei der menschlichen Unzulänglichkeit die Erscheinungsform oft hinter der Idee zurückbleibe. Aber nicht negative Kritik sei hier am Platze, sondern positive Mitarbeit. Dazu sei die Schule bereit. (...) Unter den Klängen der Schülerkapelle verließ das Auto das Kolleg.«

Unsere Chronik meldet auf S. 309 zum 21. März dies.

»(...) Zur Feier der nationalen Erhebung des deutschen Volkes fand heute Abend in Vechta ein Fackelzug statt, an dem auch unser Kolleg teilnahm. (...)«

5. Haft und Tod

Die hier im 5. Kapitel gesammelten Quellen und Zeugnisse sprechen für sich und können uns die Persönlichkeit des P. Titus gut näher bringen.

(1)
Im Folgenden versuche ich, Quellen zu diesen schweren Jahren des P. Titus sprechen zu lassen.
Konventschronik – wie sie die Inhaftierung und den Tod des P. Titus wahrnimmt.
Chronik ab April 1935; S. 341-357. Ich sammelte hier alles, was sich in der Konventschronik auf die Haftzeit bezieht.

9. April 1935, S. 341.
»(...) P. Provinzial A.R.P. Laurentius Siemer in Haft genommen!! Oremus![56] (...)«

25. Mai 1935 (als offenkundiger Nachtrag zum 8. Mai), S. 343.
»Am 8. Mai wurde P. Titus Horten in Haft genommen. (...)«[57]

25. Juni 1935, S. 342.
»(...) P. Provinzial A.R.P. Siemer kommt plötzlich aus Oldenburg. Große Freude! Abends Fackelzug. [es folgt ein unleserliches Wort] am 26. nach Köln und kehrte am 27. Juni wieder nach Oldenburg ins Gefängnis zurück! Oremus!«

29. Oktober 1935, S. 347.
»(...) Der große Tag ist gekommen!! [Es folgt eine Zeitungsnachricht:]
DNB Oldenburg, 5. November.
In dem Prozess gegen zwei Angehörige des „Dominikanerordens" (Ordensprovinz Deutschland), den Provinzial Siemer (Köln) und den Generalprokurator der „Rosenkranzmission", Dr. Horten (Vechta), fällte das Landesschöffengericht am Montag nach viertägiger Verhandlung das Urteil. Es wurde erkannt gegen Siemer wegen zweier Devisenvergehen und eines versuchten Devisenverbrechens auf ein Jahr drei Monate Gefängnis und 37.000 Mark Geldstrafe und wegen fahrlässigen Devisenverge-

---

56 Deutsch: Lasst uns beten!
57 Dem nüchternen Satz wird kein „Oremus" o.ä. nachgesetzt wie etwa bei der Verhaftung von P. Laurentius Siemer OP. Es fällt weiterhin auf, dass die Nachricht nicht zum 8. Mai selbst gebracht worden ist, obwohl dieser Tag sehr wohl in der Chronik erwähnt ist.

hens auf 16.000 Mark Geldstrafe, gegen Dr. Horten wegen Devisenvergehens in zwei Fällen und eines versuchten Devisenverbrechens auf zwei Jahre Gefängnis und 70.000 Mark Geldstrafe. Die Untersuchungshaft wird den Angeklagten angerechnet. 55.000 Mark gelangen zur Einziehung, wobei die Ordensprovinz des „Heiligen Ordens der Predigerbrüder" (Dominikaner) mithaftet.
Siemer hat in den Jahren 1932/33 in einem Falle ausländische Konten der Ordensprovinz der deutschen Devisenstelle verheimlicht. Dr. Horten hat sich in zwei Fällen im Jahre 1932 unter Benutzung übertriebener und unrichtiger Angaben die Genehmigung zur Überweisung von Summen ins Ausland geben lassen. Beide, Siemer und Horten, haben schließlich Anfang 1935 den Versuch gemacht, durch eine Bescheinigung falschen Inhalts, die Siemer ausstellte, eine Genehmigung zur Überweisung von 20.000 Mark zu erschleichen.

[Darunter schreibt der Chronikar:] Oremus et stemus simul![58]«

Dezember 1935, S. 351.
»Auch am Ende des Jahres 1935 sagen wir gerade wegen der vielen und schweren Prüfungen und Heimsuchungen – P. Provinzial P. Laurentius Siemer und P. Titus Horten noch immer im Gefängnis – gratias agamus Domino Deo nostro! Auch im neuen Jahre: Deus providebit![59]«

58 Deutsch: Lasst uns beten und zusammenstehen!
59 Deutsch: Lasset uns Dank sagen dem Herrn, unserem Gott. – Möge Gott vorsehen.

16. Januar 1936, S. 351.
»R.P. Titus Horten wird aus dem Gefängnis nach dem Krankenhaus überführt. Sein Zustand gibt zu Besorgnissen Anlass. Er ist versehen worden! Gott erhalte uns den guten P. Titus!«

22. Januar 1936, S. 351.
»A.R.P. Vicarius Provinciae Willigis Erren[60] weilt für kurze Zeit unter uns, um dann P. Titus zu besuchen.«

24. Januar 1936, S. 351.
»In der Kollegskapelle sind Betstunden für unseren guten P. Titus! Oremus pro eo![61] Sein Zustand ist bedenklich! P. Prior und mehrere Mitbrüder fahren nach Oldenburg, um noch einmal P. Titus zu besuchen. Er liegt im protestantischen Krankenhaus in der „Gefangenenabteilung". Abends gegen 1/2 11 kommen alle wieder. Der Zustand von P. Titus etwas besser. Nachts wacht eine „katholische" Schwester bei ihm.«

Januar 1936, S. 352.
(Die ganze Seite der Konventschronik: Todesanzeigen von P. Titus und Ankündigung seiner Beerdigung.)

30. Januar 1936, S. 353ff.
»Unter größter Beteiligung der Vechtaer Bevölkerung und vieler Geistlichen (an die 80!) haben wir heute unseren guten und heiligmäßigen P. Titus Horten beerdigt. Um 10 1/4 fand in der Pfarrkirche Vechtas, in der die Leiche aufgebahrt war, ein Requiem statt, das der hochw. Vicarius

---

60 „ARP. Vicarius Provinciae", zu Deutsch: Der sehr hochwürdige stellvertretende Leiter der Ordensprovinz.

61 Deutsch: Lasst uns für ihn beten.

Provinciae, P. Willigis, unter Assistenz von P. Prior Otmar und P. Norbertus Grossgart, zelebrierte. Die Absolutio ad tumbam[62] nahm der hochw. Offizial von Vechta, Hochwürden Herr Vorwerk, vor. Daran schloss sich die Beerdigung, wie sie Vechta selten gesehen hat und einem Ordensmann selten zuteil geworden ist. Von Montag [27. Januar], an dem die Leiche von Oldenburg nach Vechta überführt wurde, war dieselbe im Sprechzimmer unserer Schwestern [im Konvikt] aufgebahrt. Unzählige Gläubige von Vechta etc. besuchten noch einmal den lieben Toten und beteten an seiner Leiche. Manche ließen sogar „fromme Gegenstände", Rosenkränze anrühren. P. Titus galt eben beim Volke als heiligmäßig! Und er war es auch! Wir haben alle das Gefühl, ja die Überzeugung, dass nicht nur ein lieber, nein ein heiligmäßiger Mitbruder in die Ewigkeit hinübergegangen ist. Und all die Leiden und [S. 354] Opfer, besonders in den letzten Wochen seiner Krankheit im Gefängnis und besonders im protestantischen Krankenhaus (Oldenburg) lassen bestimmt hoffen, dass er schon jetzt oder aber doch bald die Anschauung Gottes genießt! Multa in terris passus vivas in Christo in aeternum![63] Noch nicht einen Tag ruhte unser guter P. Titus im Grabe, als die mit langer Sehnsucht erwartete Nachricht eintrifft:

(Es folgt eine Zeitungsnachricht.)

Freisprechung im Oldenburger Ordensprozess. Oldenburg, 31. Januar. Heute früh um 2 1/2 Uhr wurde im Ol-

62 Deutsch: Die Gebete am Sarg.
63 Deutsch: Vieles hast du auf Erden erlitten, nun mögest du leben in Ewigkeit.

denburger Ordensprozess, in dem in erster Instanz auf Gefängnisstrafe erkannt worden war, nach zweitägiger Verhandlung der Strafkammer das Berufungsurteil verkündet. Die Berufung der Staatsanwaltschaft wird verworfen. Auf Berufung des Angeklagten wird das Urteil des Landesschöffengerichts aufgehoben. Der Angeklagte wird auf Kosten der Reichskasse freigesprochen und der Haftbefehl aufgehoben. Durch dieses Urteil ist der Angeklagte, P. Siemer, Provinzial der Ordensgemeinschaft der Dominikaner in Deutschland, von der Anklage der Devisenvergehen bzw. [des] versuchten Devisenverbrechens mangels Beweises des Tatbestandes freigesprochen worden. Das Urteil ist rechtskräftig.

(Die Chronik fährt fort.)

Den ganzen Donnerstag und die darauf folgende Nacht [zum Freitag] fanden in der Kapelle des Kollegs Betstunden statt. Die Primaner hielten ihre Betstunde und R.P. Thaddäus Roth OP gab gerade den Segen mit dem Allerheiligsten, als R.P. Provinzial, P. Laurentius Siemer, nach zehnmonatlicher unschuldiger Gefängnishaft morgens um 3 1/2 Uhr [Freitag, 31. Januar 1936, S. 355] in seinem Auto bei uns eintraf. Alles war auf den Beinen! Wohl niemals sind alle so froh aufgestanden wie an diesem denkwürdigen Morgen des 31. Januar 1936! Seit vielen Monaten traf man wieder frohe Gesichter. Den Jubel und die Begeisterung bei der Rückkehr unseres hochwürdigsten und geliebten P. Provinzials kann nur der schildern, der das miterlebt hat. Allerdings hatte die Befreiung zwei große Opfer von uns verlangt: P. Thomas Stuhlweissenburg, R. P. Exprovinzial und Mitgefangener, war schon Anfang Oktober bei einem Anfall von dementia infolge Zuckerkrankheit im Gefängnis gestorben[64] und dann - - - unser guter P. Titus. Wir alle aber hatten die Überzeugung, dass P. Titus durch das Opfer seines Lebens und seiner Fürbitten unseren P. Provinzial befreit hat! Ein merkwürdiges Zusammentreffen war es auch, dass unser P. Provinzial am Feste des hl. Petrus [Nolasco?, schwer zu entziffern!], dem Patron der Gefangenen, bei uns eintraf!! – Nun gab es ein Erzählen und Händedrücken, der Jubel wollte kein Ende nehmen. Im Kolleg fiel natürlich an diesem denkwürdigen Tage der Unterricht aus. Um 10 Uhr zelebrierte P. Provinzial in der Kollegskapelle, die brechend voll war. Dass ganz Vechta sich mitfreute, besser gesagt, das gute katholische Münsterland, sei hier nur nebenbei bemerkt. Am Abend [S. 356] fand im Kolleg eine eindrucks- und stimmungsvolle „Lichtfeier" statt, bei der P. Provinzial eine kernige Ansprache hielt, in deren Mittelpunkt die Idee des Opferns stand nach dem Beispiel unseres stets opferbereiten P. Titus! Nun ist wieder Frieden in alle Herzen eingezogen. (...)«

(Auf S. 357 der Chronik: Totenbildchen und Fotos von P. Titus.)

(Auf S. 358 bis Ende [= August 1939] finden sich keine irgendwie politischen Aufzeichnungen und auch keine Aufzeichnungen zu P. Titus mehr.)

---

64 P. Thomas Stuhlweissenburg OP beging am 3. Oktober 1935 im Gefängnis Suizid. Sein Freitod wurde zunächst in der Öffentlichkeit der Ordensprovinz lange Zeit verschwiegen. Warum er verschwiegen wurde, lässt sich erahnen, aber nicht sicher belegen. P. Thomas war zuckerkrank und der Haft psychisch offenbar nicht mehr gewachsen. Vgl. dazu Paulus Engelhardt / Willehad Paul Eckert, Die deutschen Dominikaner im Dritten Reich, in: Wort und Antwort 36 (1995), 7-17.

(Außer zum 11. März 1939, die Chronik hat keine Seitenangaben mehr.)

»(...) Ferner trifft ein nach 20 (!) Jahren zum ersten Mal: P. Hieronymus Wilms OP (Walberberg). Promotor pro causa Servi Dei P. Titi Horten OP.[65] (...)«

(2)
Chronik der Vechtaer Dominikanerinnen, Band 1, Nachtrag, eingelegt in die Chronik (Archiv der Schwestern in ihrem Mutterhaus zu Ilanz).
Die Schwestern erleben das Geschehen um P. Titus, wie mir scheint, sehr viel emotionaler als die Mitbrüder, auch wohl politisch etwas wacher. Deshalb lasse ich die Chronik der Vechtaer Dominikanerinnen hier ausführlich zu Wort kommen.

12. März 1939.
»Abends gegen 9 Uhr, als wir vom Nachtgebet kamen, kam Pater Titus ziemlich aufgeregt in unser Haus und verlangte die Mutter Priorin [Natalia Bedbur] und verschiedene Schwestern von den Büros. Als Mutter Priorin kam, sagte Pater Titus, das Provinzialat ist besetzt. Zuerst verstand Mutter Priorin dies nicht (...). Nun erst begriff die Mutter Priorin die ganze Sache. Schnell schickte sie einige Schwestern in die Kapelle, um dort Betstunde zu halten. Die übrigen gingen fleißig an die Arbeit. Sie arbeiteten bis tief in die Nacht und vernichteten alles Überflüssige. Auch an den nächsten Tagen wurde fleißig gearbeitet. Wir erwarteten jeden Tag eine Haussuchung.[66] (...)

---

65 Promotor, das ist der mit dem Fall der Seligsprechung des Dieners Gottes, P. Titus Horten, beauftragte Mitbruder.

66 D.i. Hausdurchsuchung.

So erlebten wir einige ruhige Tage bis zum 9. April. Da, es war Waschtag, meldeten sich am Morgen gegen 9 Uhr zwei Herren. Sie zeigten ihre Papiere, verlangten Pater Titus und wollten die Bücher einsehen. Sie waren von der Zollfahndungsstelle Köln und Bremen. Es sollte zuerst noch still und heimlich bleiben, und im Anfang sahen sie noch etwas auf Höflichkeit. Allmählich vergaßen sie wohl die Anstandsregeln und wurden frecher und aufdringlicher. Sie suchten alles durch, frugen[67] und verhörten den Pater Titus und auch die Schwestern, und da sie so recht nichts finden konnten, waren sie fast wütend. So dauerte diese Haussuchung drei Tage. Am Freitag gaben sie vor, nach Bremen zu reisen, um dort bei der Bank, wo wir unser Konto haben, weiter zu suchen. Dann wollten sie zurückkommen. Aber sie kamen nicht wieder und es war uns etwas unheimlich; denn so Verschiedenes hatten sie mitgenommen. So ging es bis zum 16. April. Da erhielten wir die Nachricht, dass gestern Pater Thomas[68] und heute Pater Provinzial verhaftet worden seien. (...) Nach der Verhaftung von Pater Provinzial und Pater Thomas machten wir uns auch wieder auf eine Haussuchung gefasst, aber es blieb ruhig bis zum 7. Mai. Es war wieder Waschtag, da auf einmal war unser ganzes Haus besetzt. Schwester Maria Bertranda wollte um 10 Uhr in das Verlagsbüro, um etwas zu besorgen. Ahnungslos ging sie hinein. Unheimliche Stille und doch alles voller Menschen. Zwei fremde Herren saßen über die Bücher gebeugt. Die Schwestern durften das Zimmer nicht verlassen. (...) Mutter Priorin saß zwischen der Türe von ihrem Zimmer und [der zum] Schwesternzimmer und sah sehr ernst aus und betete den

---

67 D.i. fragten.
68 P. Thomas Stuhlweissenburg OP, Exprovinzial.

Rosenkranz. (...) Im Zimmer von Mutter Priorin saß auch ein Herr und studierte in den Büchern. (...) [In dem Flur des 1. Stockwerks] war wieder ein Herr. (...) In der Prokuratur dasselbe Bild, unheimliche Stille. Zwei Herren schauten sich hier die Bücher an. Beim Pater Titus war ein Herr und bei Schwester Cölestina. Manchmal wurde auch gefragt, und wenn Pater Titus dabei war, gab er die Antworten. Da wurde ihm gesagt, die Schwestern haben zu antworten und er habe zu schweigen, und als er sich noch einige Male vergaß, wurde er auf sein Zimmer verwiesen, mit dem Bescheid, dass er dasselbe ohne Erlaubnis nicht mehr verlassen dürfe. Auch die Schwestern von den Büros durften ohne Erlaubnis die einzelnen Räume nicht verlassen. (...) Am Mittag hieß es, wir müssten unter Aufsicht essen. Man begnügte sich dann aber damit, eine Aufsicht auf den Gang zu stellen, nachdem man sich vorher überzeugt hatte, dass im Refektor[69] kein Loch war, um auszureißen. Abwechselnd gingen die Herren zu Tisch, und so ging es dann den ganzen Tag weiter. Die Schwestern gingen immer wieder in die Kapelle, um zu beten, hatten jedoch keine Ruhe. (...) Pater Titus wurde mehrere Stunden verhört, bald im Sprechzimmer, dann im Herren-Refektor, dann in seinem Privatzimmer. Die Herren waren sehr aufgeregt und gingen nicht gerade in höflicher Weise mit Pater Titus um. Sie brüllten ihn manchmal an, sodass man in den nebenliegenden Zimmern es gut hören konnte. Dann wurde auch Schwester Clementia verhört. Zuerst kam eine lange Vorrede, dass wir im Orden Vorschriften hätten, die müssten aber jetzt ganz beiseite gelassen werden. Sie habe jetzt Rede und Antwort zu stehen und alles müsste sie [...unleserliches Wort] mit einem Eide

69 Speisesaal.

bekräftigen. Dann wurden auch die Strafen gesagt, die ein Meineid auf sich hätte, und dann ging das Fragen los. Zu wiederholten Malen hieß es auch, sie solle nur eingestehen, Pater Titus hätte schon eingestanden. Sie blieb aber fest und ließ sich nicht einschüchtern und sagte kurz, so ist es, das weiß ich sicher, und Pater Titus kann auch nichts anderes sagen. Alles wurde zu Protokoll gebracht. und dann musste die Schwester unterschreiben. Endlich war dieser Tag zu Ende, um morgen weiterzugehen.[70]

8. Mai.
Am Morgen erschienen die Herren wieder. Es waren jetzt nur zwei mehr [nur noch zwei oder zwei mehr?]. Sie suchten noch immer, schienen nicht befriedigt, frugen wieder und verlangten von Pater Titus noch mehr schriftliche Sachen. Da sich Pater Titus nun nicht zu helfen wusste, gab er ihnen seine private Brieftasche. Schwester M. Benvenuta meinte noch, Hochwürden Pater, das würde ich nicht tun. Darauf meinte aber Pater Titus, da ist nichts Besonderes drin, die Briefe von Pater Timotheus und sonst noch Briefe, sie sollen sich damit amüsieren, da haben sie etwas zu tun. Und ach, das war das Verhängnis. Darin hatte er auch die Briefe der Missionare und den verhängnisvollen Brief von Pater Karl[71]. Die Herren lachten sich eins und beugten sich beide über den Brief. (...) Sie suchten noch weiter bis Mittag und begaben sich dann zum Hotel zum

70 Zu dem Devisenprozess vgl. ausführlich Anna Maria Zumholz, „Verbrecher oder Märtyrer?" Der Devisenprozeß gegen die Dominikanerpatres Laurentius Siemer, Titus Horten und Thomas Stuhlweissenburg in Oldenburg, in: W. Baumann / M. Hirschfeld (Hrsg.), Christenkreuz oder Hakenkreuz. Zum Verhältnis von katholischer Kirche und Nationalsozialismus im Land Oldenburg (Quellen und Beiträge zur Geschichte des Oldenburger Landes Bd. 4), Vechta 1999, 275-312.

71 Ich nehme an: P. Karl Bosslet OP. Die besondere Bewandtnis, die dieser Brief haben soll, ist mir unklar.

Essen. (...) Nun wurde Pater Titus abermals mehrere Stunden verhört. Er war zuletzt vollständig fertig. (...) Gegen Abend hieß es nun, Pater Titus muss verhaftet werden. Man hatte ihm den ganzen Nachmittag keine Ruhe gegönnt. Ganz ermattet bat er um den schwarzen Anzug. Die Herren ließen ihn nicht allein, und er musste sich bei ihnen umkleiden. Wir Schwestern hatten uns alle auf dem Gang versammelt, hatten aber die Weisung bekommen, dass wir uns ruhig verhalten müssten, da sonst alles die Lage von Pater Titus noch erschweren würde. Das Auto stand vor der Tür, Pater Titus kam, er schaute uns alle noch einmal wehmütig, lächelnd, freundlich an, dann öffnete sich die Pfortentüre. Das Auto nahm ihn auf und fort ging es. Wir wussten nicht, in welches Gefängnis. (...)

10. Mai.

Am 10. Mai gibt man uns den Rat, die Sache doch hier[72] vor den Richter zu bringen; denn Pater Titus sei mit seinen schwachen Nerven vollständig fertig. Also beantragte Pater Prior [Otmar Decker], die Sache dem Richter Herrn Arlinghaus vorzulegen. So wurde denn Pater Titus im Auto zum Richter gebracht. Wir hatten wieder Hoffnung, da der Richter noch ein Beichtkind von Pater Titus war. Nun war Pater Titus aber mit den Nerven so fertig, dass er wohl gar nicht mehr wusste, was er tat. Denn der Richter sagte, was Pater Titus unterschrieben hätte, nach dem könne er ihn nicht freisprechen, er [P. Titus] hätte alle seine Gefühle beiseite setzen müssen. Nach der Verurteilung ging Pater Titus in Begleitung eines Beamten zu Fuß ins Gefängnis zurück. Wie immer hatte er auch jetzt ein seliges Lächeln im Gesicht, so berichteten uns die Leute, die ihm begegnet waren.

---

72 Also in Vechta.

11. Mai
Am 11. Mai wurde er dann morgens früh um 8 Uhr mit dem Zug nach Oldenburg gebracht. (...)«

(3)
Aus der Chronik der Vechtaer Dominikanerinnen, 1. Band, Archiv Mutterhaus Ilanz.
Die Chronik der Schwestern beweist, dass die Schwestern offenbar mehr als die Mitbrüder im Konvent die Verfolgungssituation durch den Nationalsozialismus wahrnehmen. Man vergleiche dazu weiter unten die Auszüge aus der Schulchronik[73] *und die Konventschronik*[74]*! Die Schwesternchronik, nur sie, berichtet allerdings auch über die ständigen Reisen und Mühen des P. Priors Otmar Decker in Sachen „Titus".*

»[Zum 17. Juni 1935]
(...) Pater Titus schickte uns auch wieder einen Brief, immer schreibt er munter und voll Gottvertrauen und will uns das Herz nicht schwer machen. Von anderer Seite hören wir aber, dass es ihm gesundheitlich nicht gerade so gut geht. (...)[75]

[Zum 22. Juni]
(...) da läutete es an der Pforte. Mutter Priorin geht ahnungslos und freudig selbst an die Pforte. Da wird sie aber vor lauter Freude des Wiedersehens ganz bleich; denn es standen unsere Freunde da draußen. (...)[76]

73 S.u., Kapitel 5 (17).
74 S.o., Kapitel 5 (1).
75 Die Schwesternchronik erwähnt immer wieder, welche Freude die Schwestern hatten, wenn aus Oldenburg ein Brief von P. Titus eintraf.
76 Es folgt ein Bericht über eine erneute, mehrere Tage währende Hausdurchsuchung durch die Polizei.

[Zum 3. Juli]
(...) Auch war gestern in Füchtel die Polizei, um nachzuforschen, was man für eine Feier bei der Ankunft des Provinzials veranstaltet hat und was er gesagt hat: „Heil Sieg dem Vaterland, Heil Sieg dem Führer." Von guten Freunden war diese Feier wohl nach Berlin berichtet worden, diese hatten dann in Vechta bei der Polizei den Befehl erlassen, nachzuforschen. (...)

[Zum 5. Juli]
Herz Jesu-Freitag. Innig wird das Herz Jesu in unseren schweren Anliegen bestürmt. Vom hochwürdigen Pater Titus kam in diesen Tagen auch wieder ein Brief an. Es ist dann immer, als hörten wir einen kleinen Vortrag und als wäre er in unserer Mitte. (...)

[Zum 26. Juli]
(...) Von Mutter Priorin erhielten wir heute auch zusammengestellt die einzelnen erbaulichen Stellen aus den Briefen von Hochwürden Pater Titus. (...)

[Zum 3. August]
Sterbetag vom Pater Timotheus. Einige Schwestern, die es können, besuchen sein Grab. Er möge beim lieben Gott für uns bitten. (...) Es werden die letzten Vorbereitungen zum Feste[77]. [getroffen]. Das Zimmer von Hochwürden Pater Titus wird in Ordnung gebracht, Ordenskleidung hingelegt. Wir erwarten sie ja bestimmt morgen [zurück].[78] (...) Am Abend hat man uns [die? – schwer zu entziffern] Anklage gegen unsere hochwürdigen Patres vor-

---

77 Zum Fest des heiligen Dominikus (4. August).
78 Zum Fest des heiligen Dominikus.

gelesen, eine ganz verwickelte Sache, und da kann nur der liebe Gott und unser heiliger Vater Dominikus helfen. Von Hochwürden Pater Provinzial erhalten wir einen Extra-Brief, und vom Pater Titus ist ein erbaulicher Brief da. (...)

[Zum 9. August]
(...) In der Nacht hat man uns unser Haus mit Plakaten verklebt. Gegen die Dunkelmänner[79]. Schwester Cölestine wollte es herunterreißen, es ging aber nicht, darum schickte unsere Mutter Priorin unsere Lisbeth, es abzuwaschen. Vor unserem Hause standen mehrere Leute, teilweise sagten sie, Fräulein, sie kommen ins Zuchthaus, andere, waschen sie es ruhig ab und zeigten auch sonst ihren Unwillen darüber.

[Zum 10. August]
Drei Plakate waren heute an unserem Haus angeklebt. An den Haustüren zu jeder Seite war ein großer roter Zettel, Deutsches Volk! Horch auf, und an der Mauer von unserem Gärtchen war ein weißer Zettel von den Dunkelmännern. Wir sind aber nicht allein. Auch beim Herrn Offizial und [am] Antonius-Konvikt und [an] sonst noch Häusern und Zäunen waren solche Zettel angeklebt. Wir lassen sie jetzt einfach sitzen, bis der Regen sie abwäscht. Heute Nachmittag kam die Polizei und verlangte die Namen von Mutter Priorin und Schwester Cölestine. Der Beamte sagte, das Abwaschen der Plakate kostet drei Monate. Im gleichen Augenblick kam Frl. Moorkramer

79 Dunkelmänner: Gleich zwielichtiger Mensch, den man dunkler Machenschaften verdächtigt, Vertreter des Rückschritts. Dieses Schimpfwort leitet sich her von den „Epistolae obscurorum virorum" des Ulrich Hutten, gerichtet gegen die scholastischen Theologen der Reformationszeit.

und meinte, wir möchten doch die roten Zettel abwaschen, das sähe so hässlich aus. Sie hätte schon daran gerissen, aber es wolle nicht gehen. Der Beamte stand noch da und frug sofort: „Wie heißen Sie?“ Und es wurde notiert. Jetzt müssen wir abwarten, was kommt. (...)

[Zum 11. August]
(...) Am Abend las man uns noch allerhand aus der Zeitung vor; denn es ist jetzt sehr gut, wenn wir auch etwas wissen.

[Zum 12. August]
Pater Otto [Lula][80] hat Anklage erhoben wegen Beschmierens des Hauses, sonst geht alles seinen gewohnten Gang. Überall [in unserem Haus] wird tüchtig gearbeitet. Man weiß ja nicht, was kommt und wie lange wir noch arbeiten können. (...)

[Zum 13. August]
(...) Die Zeitungen stehen voll von Verhaftungen und Gefängnisstrafen wegen Plakatabreißens oder Beschädigen. Die Kolpingsvereine werden überall aufgelöst. Das Tragen von Vereinsabzeichen sowie Wallfahrten verboten. (...) Wir haben so viel Abwechslung, jeden Tag was Neues. In der Nacht werden alte Gesetze durchgestrichen und neue treten in Kraft. Wer dagegen fehlt, wird verhaftet, auch wenn er nichts weiß. (...)

[Zum 16. August]
(...) In der Zeitung stand auch verschärfte Maßnahme gegen Plakatabreißer, sollen sofort ins Konzentrationsla-

80 Prokurator des Konventes in Vechta.

ger. Herr Vikar Morthorst[81] ist gestern wegen Plakatabreißens verhaftet worden. Man hat schon über zwei Jahre auf ihn gewartet, jetzt hat man ihn.

[Zum 17. August]
(...) Wieder Polizeibesuch, unsere Schwerverbrecher[82] müssen wieder vorkommen. Es wird noch einmal alles gefragt, der ganze Hergang des Verbrechens. (...) Dann meinte der Beamte, sie seien schon viel zu lange im Kloster und darum weltfremd. Von Rechts wegen müsste er sie gleich verhaften wie den Herrn Vikar, aber sie wären ja hier so fleißig und würden wohl keinen Fluchtversuch machen. Wegen der Schwere des Verbrechens müsste die Sache vor den Staatsanwalt. Wäre die Sache nicht so traurig, so müsste man lachen. Wir verlieren den Mut und die Freude nicht. (...)

[Zum 24. August]
(...) Der Herr Vikar[83] musste nach Oldenburg zur Verhandlung kommen. Ein 17-jähriges Mädchen hat die Predigt vom Herrn Vikar stenografiert und zur Anzeige gebracht; dieses kommt dann noch dazu, zum Plakatabreißen. Der Bruder von dem Mädchen hat in der Nacht die Plakate angeklebt. Der Vater hat sie wohl dazu geheißen, derselbe ist noch ein Mitglied des 3. Ordens vom heiligen Dominikus. (...) Er ist von Beruf Schmied, und als dieses bekannt wurde, haben alle Bauern ihre Wagen, Pflüge usw. fortgeholt, sodass er jetzt keine Arbeit mehr hat. (...)

---

81 Vikar Morthorst war Vikar der Gemeinde St. Georg in Vechta.

82 In eigentümlicher Selbstironie sind wohl einige der Schwestern gemeint, die die Plakate abgerissen hatten.

83 Vikar Morthorst.

[Zum 25. August]
(...) Gut ist es doch, dass das Frauengefängnis nicht mehr in Vechta ist, sonst hätten die Schwestern auch sicher so lange in Untersuchungshaft sitzen müssen. (...)

[Zum 27. August]
(...) Es kommen noch immer viele Arme [obwohl das polizeilich verboten ist]. Es ist so schwer, dass wir ihnen nichts zu essen geben dürfen. Die Bank, uns gegenüber, dort sind Angestellte, die bei allem gleich das Telefon in die Hand nehmen und zur Polizei telefonieren.(...)

[Zum 12. September]
(...) Der Herr Vikar Morthorst ist am Freitag freigesprochen und aus der Haft entlassen. Herr Rauber[84] hat eine neuntägige Andacht zum Adolf Kolping gehalten, und am neunten Tag wurde er frei. (...)

[Zum 18. September]
(...) Pater Otto [Lula] telefoniert und liest der Mutter Priorin vom Staatsanwalt ein Schreiben vor, (...) [dass das Verfahren wegen Plakatabreißens] wegen Mangels an Interesse niedergeschlagen ist. (...)

[Zum 3. Oktober]
(...) *[Es folgt in der Chronik die Nachricht vom Tod des Pater Thomas Stuhlweissenburg. Weiteres dazu dann zum 6. Oktober.]*

(...) Man sagte uns, der hochwürdige Pater [Thomas Stuhlweissenburg] sei in der letzten Zeit sehr schwermü-

84 Buchbindermeister im Albertus-Magnus-Verlag.

tig gewesen, (...) stets habe er gesagt, er habe die Provinz ruiniert, er sei an allem schuld. (...)

[Zum 8. Oktober]
(...) Der liebe Gott schickt uns manches Kreuz, er hat unseren Konvent sehr lieb. Heute heißt es, vom Oberstaatsanwalt in Berlin ist unser Gesuch [um Haftentlassung gegen Kaution] abermals abgelehnt. Es heißt, der tragische Tod von Pater Thomas beweist, dass etwas vorliegt, und das müssen wir [also die Staatsanwaltschaft] finden. Die Untersuchung soll von neuem begonnen werden. Wir machen uns auf eine neue Haussuchung gefasst.«

(Ende vom ersten Band der Chronik. Fortsetzung im Band Nr. 2.)

(4)
Aus der Chronik der Schwichteler Dominikanerinnen im Archiv des Instituts St. Josef Ilanz, Band Nr. 2.

»17. Januar [1936].
P. Provinzial lässt per Telefon den P. Prior rufen. P. Titus ist schwer krank, man hofft kaum noch, dass er durchkommt. (...)

18. und 19. Januar.
Nichts passiert. (...) Unter dem Nachtessen telefoniert man, dass Pater Titus sehr schlecht sei und versehen worden ist. Rechtsanwalt Röising[85] hat dafür gesorgt und auch, dass eine katholische Clemensschwester vom Pius-Hospital bei ihm Nachtwache halten darf.

85 Gemeint Rechtsanwalt Roesen.

20. Januar.
Pater Prior reist nach Oldenburg, um Pater Titus zu sehen. Dieses Mal gelingt es ihm, zu ihm zu kommen. (...) [Der Arzt] machte dem Pater Prior gute Hoffnung, und so kam er mit neuem Mut und neuer Hoffnung zu uns.

21., 22. und 23. Januar.
vergingen in banger Hoffnung. Wir hielten eine neuntägige Andacht zum lieben P. Timotheus selig. Jeden Tag besuchten drei Schwestern abwechselnd sein Grab, unterwegs einen Rosenkranz betend, und machten auch noch beim Rückweg einen kurzen Besuch in der Stadtkirche. Pater Prior sagte öfter in diesen Tagen, nun kann es doch schon sein, dass uns der Pater Timotheus den Pater Titus holt. Wir konnten es nicht glauben, sondern hofften gegen alle Hoffnung.

24. Januar.
Pater Timotheus hat heute Namenstag, was wird uns wohl die kommende Woche bringen, so fragen wir uns. Wir wollen uns bereithalten und zu allem, was der liebe Gott uns schickt, unser Fiat [es möge geschehen] sprechen. Mutter Priorin reist heute Morgen mit Pater Prior und [Pater] Otto [Lula] nach Oldenburg. Pater Titus hat nach Pater Prior verlangt. Sie gehen zuerst zum Richter, um sich die Erlaubnis zu holen. Nur Pater Prior und [Pater] Otto erhalten dieselbe. Mutter Priorin nicht, es heißt, kann nicht gestattet werden, da die Schwestern mit dem Prozess zusammenhängen. War ihr schon ein schweres Opfer. Aber Pater Prior meinte, sie solle nur ´mal mitkommen, dann könne sie wenigstens ´mal das Zimmer von außen sehen. Man ging also durch das Hinterhaus eine ziemlich dunkle, schmale, alte und schmutzig ausse-

hende, lange Wendeltreppe hinauf, die kein Ende zu haben schien, bis in den 4. Stock. Pater Prior und Pater Otto zeigten den Schwestern ihren Erlaubnisschein und wurden gleich zugelassen; dann sagte P. Prior zur Schwester [der Diakonissin], sie möge der Schwester [der Mutter Priorin] ´mal den Koffer von Pater Titus mit der Wäsche bringen, da sie ´mal nachschauen wollte, was er bedürfe. Die Schwester tat es gerne und Mutter Priorin nahm sich ein Herz und frug, darf ich nicht ´mal einmal ins Zimmer hineinschauen. Sie sagte leise ja, gab ihr einen Schubs und schon war sie drin. Teilnahmslos mit geschlossenen Augen lag Pater Titus. So machte er schon den Eindruck eines Sterbenden. Erst als er den Besuch erkannte, wurde er etwas heiterer. Man sagte ihm, dass heute der Namenstag von Pater Timotheus sei, er sagte, nein, das stimmt nicht, erst am 24., und als man ihm sagte, das sei heute, sagte er, ja, der Pater Timotheus wird helfen. Er erkundigte sich nach den Schwestern, ließ alle grüßen, auch Fräulein Ma..., Ma..., er kam nicht auf den Namen und Pater Prior half nach: Frl. Magnussen. Ja, ja, sagte er. Mutter Priorin musste sich an sein Bett setzen und seine Hand festhalten, die ziemlich kalt war, und als ihm Mutter Priorin sagte, er sei kalt, meinte er, nein, das ist nur der Tod. (...) Das Zimmer war nicht besonders freundlich und ruhig. Es hatte wohl ein großes Fenster mit Eisengitter, man konnte in den Garten sehen. An der Tür war keine Klinke. (...) Auf der anderen Seite war ein Zimmer, man nannte es Gummizelle, darin schrie und tobte den ganzen Tag ein Mann. Das also war das Zimmer unseres guten Pater Titus. Am Morgen kam auch der Rechtsanwalt, und wie er den Pater Titus da liegen sah, blass, teilnahmslos, einem Sterbenden gleich, eilte er sogleich zum Richter und beantragte die Aufhebung des Haftbefehls, die auch erteilt wurde. Leider war ihm in der Eile ein Fehler unterlaufen, er hatte vergessen, den Chefarzt davon in Kenntnis zu setzen. Die Aufhebung des Haftbefehls musste in Berlin vom Staatsanwalt bestätigt werden. Dieser frug beim Arzt [dem Chefarzt] an, ob direkte Todesgefahr da sei. Der Arzt war Protestant und ein empfindlicher, ehrgeiziger Herr. Er fühlte sich in seiner Ehre gekränkt, kam ziemlich aufgeregt ins Krankenzimmer, schaute den Kranken an und sagte, dass keine Todesgefahr da sei. [Die Patres und die Schwester Oberin gehen zwischenzeitlich zum Mittagessen...] Gegen 1/2 4 Uhr ging das Telefon [der Mutter Priorin], Pater Prior war mit Pater Rektor [Placidus Wehbrink] da, um sie [die Mutter Priorin] zu holen; denn Pater Titus würde nach ihr verlangen. Pater Rektor ging ihr voraus; denn er mochte in Oldenburg nicht mit einer Schwester über die Straße gehen. (...) Sie flogen mehr als sie gingen zum Diakonissen-Krankenhaus hin; denn sie fürchteten fast, Pater Titus würde schon sterben. Auch die Clemensschwester, die Oberin, die selbst beim Pater Titus in der Nacht wachte, machte gar keine Hoffnung, dass er durchkommen würde. (...) Nun kam die Mutter Priorin so ungefähr gegen 4 Uhr im Krankenhaus an, wo auch gerade alle anderen Patres angekommen waren. Die Pflegeschwester Frieda ließ sie auch gleich wieder ins Krankenzimmer. Sie sagte, das ganze Zimmer ist voller Priester. Ich weiß gar nicht recht, was ich dort jetzt anfangen soll, ich bin ja so froh, dass Sie da sind, geben Sie ihm doch den Kaffee. Natürlich tat dies Mutter Priorin sehr gerne. (...) Wenn er so zwei Löffel voll genommen hatte, wollte er den Mund spülen, er nannte es Backenspülen, und sagte dann noch, sagen Sie doch der Pflegeschwester, was das ist: Backenspülen. (...) [Der Chefarzt] sagte, morgen werde ein anderes Zimmer frei, kostete aber pro Tag 10 M, ob das recht sei. Pater Prior sagte, was es koste, sei gleich, wenn nur der Herr ein anderes Zimmer bekäme. Dann meinte der Arzt, er würde aber nicht gestatten, dass unsere Schwestern ihn pflegten; denn die würden viel zu viel beten, und das rege den Kranken nur auf. (...) [Mutter Priorin verabschiedete sich] vom Pater Titus. Dieser meinte, muss das denn sein, und weinte wie ein Kind, dicke Tränen liefen über seine Backen. (...)

25. Januar.
Pater Prior reiste abermals nach Oldenburg. Unsere Schwestern durften nicht kommen, man war über den gestrigen Tag noch sehr unwillig, hatte eine Klage beim Oberstaatsanwalt in Berlin eingereicht und erklärt, dass der Richter uns zu gut gesinnt sei. Man stand im Begriffe, die Sache einem anderen Richter zu übertragen, und das kann dann den Prozess abermals um mehrere Wochen hinausschieben, was namentlich für den Pater Provinzial sehr schwer wäre. Darum müssen auch wir das kleine, wenn auch uns schwere Opfer bringen, dem Pater Titus beizustehen [nicht beistehen zu können]. Die Oberin vom Pius-Hospital sagte, sie würde gern Tag und Nacht eine Schwester schicken, wenn es nur erlaubt wäre. Von der Oberin in Osnabrück von den Bartholomäerinnen erhielten wir einen Brief, wenn sie uns bei der Pflege von Pater Titus helfen könnten, würden sie es gerne tun, gerne würden sie Schwestern zur Verfügung stellen. (...) Leider war aber all dieses nicht gestattet. Jedoch hatten wir immer noch die Hoffnung, Pater Titus würde wieder besser. (...) Wir beteten und opferten, soviel wir konnten. Pater Prior brachte am Abend beruhigende Nachricht mit, wünschte aber nicht, dass die Schwestern in der Nacht beteten. (...)

26. Januar.
Sonntag Hochamt und Geistessammlung. Unter dem Hochamt, nach der Kommunion der heiligen Messe, läutete das Telefon. Zu so ungewohnter Zeit musste es etwas Besonderes sein, allen kroch die Angst bis zum Herzen hinauf. Schwester Veronika hatte die Pforte, sie ging hinaus. Mutter Priorin folgte ihr. Es ging eine geraume Zeit, bis sie wiederkamen, uns schien sie eine Ewigkeit. Kurz vor der heiligen Kommunion kamen sie herein, wir schauten sie an und ahnten, dass das Unglaubliche eingetreten war. Am Schluss der heiligen Messe schrieb Mutter Priorin einen Zettel und legte ihn Pater Justinus [Kühl] auf den Altar. Es schien, als ob nur Schwester Benvenuta nichts ahnte; denn sie wollte mit ihrer Orgelei gar nicht aufhören. Dann drehte sich der hochwürdige Pater um und versuchte mit fester Stimme, was ihm aber nicht gelang, zu sagen: Soeben traf die Nachricht ein, dass unser guter Pater Titus diese Nacht gestorben ist, wir wollen für seine Seelenruhe beten. Es war ein schwerer Augenblick, das Beten ging schwer. Dann wurde das Allerheiligste ausgesetzt, wir versuchten für den Verstorbenen zu beten, aber mehr noch mussten wir zu ihm beten; denn wir meinten zu fühlen, dass er uns jetzt noch viel näher stehe. Mutter Priorin, Pater Prior [Otmar Decker], Pater Otto [Lula] fuhren so gegen 9 Uhr mit einem Auto nach Oldenburg, um das Notwendige zu ordnen, um etwas über die letzten Minuten zu erfahren und um ihn gleich, wenn es ging, mitzubringen. Wir beteten am Nachmittag noch das Totenoffizium (...) Mutter Priorin war unterdessen zurückgekommen und erzählte uns Folgendes: Samstagnachmittag hatte man P. Titus noch in das neue Zimmer gebracht, er hatte große Freude gezeigt und sich beim Arzt für diese Vergünstigung sehr bedankt. Danken tat er

immer, für alles war er dankbar. Er war auch in diesem Zimmer aufgebahrt. Friedlich und schön lag er da in seinem weißen Habit. Pater Prior bedankte sich bei der Schwester für die Pflege, und Mutter Priorin [tat das] noch ganz besonders, dass [weil] sie sie in das Zimmer gelassen hatte. Die Schwester meinte, das freut mich heute noch, dass ich das getan habe, hätte ich nur mehr tun können, aber ich konnte nicht. Sie gaben dann noch dem Rechtsanwalt Herrn Schauenburg Nachricht. Dieser war sehr erstaunt und sagte, dass er so um 1/2 12 Uhr erwacht sei, da meinte er, den Pater Titus gesehen zu haben, es sei aber gar nicht zum Fürchten gewesen. Der Richter war ebenfalls erstaunt und meinte, für ihn sei es gut, da man ihn absetzen wollte. (...) Die Leiche gleich mitzunehmen war nicht möglich, da sie noch Staatseigentum war und die Büros alle geschlossen waren. Sie gingen dann noch in das Pius-Hospital, und die Schwester, die [in der Nacht] bei ihm war, erzählte Folgendes: Am Samstagmorgen, als die Clemensschwester ging, war er sehr traurig und meinte, man wird mich doch nicht in dieser protestantischen Umgebung sterben lassen. Am Abend begrüßte er die Schwester [die Clemensschwester der Nachtwache] mit sichtlicher Freude und meinte, Gott sei Dank, wieder eine katholische Schwester. Schwester, wir wollen beten: „Gelobt sei Jesus Christus", die Schwester gab die Antwort, und diesen Gruß wiederholte er immer wieder. Die Diakonissin sagte schon zur Schwester: „Gott sei Dank, dass Sie kommen, ich kann ja mit dem Herrn nicht beten, er sagt immer Gelobt sei Jesus Christus, zufällig weiß ich darauf die Antwort, sonst weiß ich nichts." Gelobt sei Jesus Christus war sein letztes Wort. Er schlummerte ein; denn am Abend bekam er immer noch eine Spritze. Dazwischen kam ´mal wieder der Gruß. Um 11 Uhr wurde der Atem langsamer, die Schwester dachte, er wird doch wohl nicht sterben, will aber auf alle Fälle die Sterbegebete beten. Dann gegen 1/2 12 Uhr kamen nochmals 9 kurze Atemzüge und der gute Pater Titus hatte ausgelitten, er war beim lieben Gott. Mit Hilfe der Diakonissin richtete sie die Leiche her. Die Diakonissin hätte immer wieder gesagt, was bin ich doch froh, dass Sie da sind, ich hätte ja nicht gewusst, wie anzuziehen. Das ist so ungefähr alles, was wir über seinen Tod wissen.

27. Januar [Montag].
(...) [Der Offizial Vorwerk] bat am Sonntagabend noch sehr spät, die Beerdigung am Donnerstag zu haben. Er selbst wolle die Priester der Umgebung einladen, und das Mittagessen solle im Antonius-Konvikt sein. Dann hätte er auch ´mal wieder die Priester zusammen und könnte mit ihnen sprechen; denn ein Priester-Conveniat darf nicht mehr abgehalten werden. (...) Am Mittag zwischen 12 und 1 Uhr, hieß es, kommt die Leiche an. Wir Schwestern standen auf dem Gang draußen Spalier. (...) Wie uns zumute war, kann man nicht schreiben. Deutlich stand noch jene Szene vor uns, wie ihn zwei Männer [am 8. Mai 1935] wie einen Verbrecher im Auto fortführten, nun kam er so zurück. (...) Man wollte den Sarg öffnen, der Chauffeur sagte aber, er müsse zuerst wenigstens 2 Stunden ruhig stehen, dann sagte er leise im Sprechzimmer, sie hätten heute Morgen 2 Stunden auf die Leiche gewartet, da man sie noch unter dem Messer hatte. Wir erfuhren auch noch, man hätte vermutet, da er Freitag so viel Besuch hatte, dass wir ihn vergiftet hätten oder totgebetet, und zwar aus zwei Gründen. 1. Weil er als schwerer Verbrecher Zuchthausstrafe verdient hätte und wir diese Schande von uns abwälzen wollten und 2. damit wir sagen

könnten, wir hätten einen Märtyrer.[86] (...) Als sich die Leute etwas verzogen hatten, richteten Mutter Priorin und Schwester Simona die Leiche her. (...) Er war ganz zerschnitten, vorne, hinten, kreuz und quer, sogar der Kopf, man hatte, wie es schien, wohl das ganze Gehirn aufgedeckt, und wir vermuten, dass man wohl auch zum Studieren etwas behalten hat. Wie er nun wieder in einem würdigen Zustand war, strömten aber auch die Leute herbei, so was hatten wir noch nicht erlebt. Männer, alt und jung, ebenso die Frauen und Mädchen, selbst die Kinder, die doch sonst furchtsam sind, kamen in Scharen, zeigten überhaupt keine Furcht. (...)

28. Januar.
(...) Wir glauben, dass wohl ganz Vechta zu uns kommt, so groß ist der Andrang der Leute. (...) Heute kam auch die Geheimpolizei nach Füchtel und verlangte den Pater Prior zu sprechen. Der Grund war, er möchte dafür sorgen, dass der Leichenzug kein Demonstrationszug werde. Antwort: „Der Herr ist tot, was kann der noch schaden, übrigens tun wir zur Beerdigung gar nichts.“ (...)

29. Januar.
(...) Unser lieber Pater Titus ist [nun] bei uns in der Kapelle. Bei allen heiligen Messen, die für ihn gelesen werden, ist er dabei. (...) Beim Chorgebet steht er in unserer Mitte, ebenso bei der Salve-Regina-Prozession. In der Sterbestunde konnte man ihm das Salve-Regina nicht singen. Jetzt konnte man es uns nicht mehr wehren, er war bei uns. Die Chronistin und Schwester Dalmatia, eigentlich sollte es umgekehrt dastehen, waren Akolythen [Kerzen-

86 Vgl. weiter unten die Zeugenaussage von Sr. Benvenuta Fischermann OP.

trägerinnen] und waren nicht wenig stolz darauf. Der Besuch der Leute war genauso stark wie an den vergangenen Tagen. Am Abend, beim Schluss des Rosenkranzgebetes brachten zwei starke Männer einen gelähmten Herrn und setzten ihn vor dem Sarge auf einen Stuhl. Es war ein geistlicher Herr, der nervenkrank war und am ganzen Leibe zitterte. Mehrere Jahre war er schon krank, und Pater Titus hatte ihn oft besucht. Er wollte nicht gesund werden, sondern für die Kirche Gottes leiden. Wie er hörte, dass Pater Titus gestorben sei, bat er, ihn noch einmal sehen zu dürfen. So brachte man ihn denn mit dem Auto, und zwei Männer trugen ihn in die Kapelle, wo er innig die zitternden Hände faltete und betete (...)

Heute fanden in Oldenburg auch die Verhandlungen statt[87], wir beten zum Pater Titus und sagen ihm, da er sich aus dem Staub gemacht hat, möchte er auch sorgen, dass die Sache gut gehe.

30. Januar.
Begräbnistag. (...) *(Hier folgt nun eine breite und sehr ausführliche Darstellung der Messfeier und der Beerdigung.)* Der demütige Pater Titus hatte sich diesen Triumphzug wohl nicht gedacht. (...) Dann hörte man am Nachmittag, dass der Leichenzug fotografiert worden ist, und zwar für die Hetzzeitung. (...) Darunter soll stehen: „Begräbnis eines Verbrechers.“ (...)

(Es folgt eine breite Schilderung der Berufungsverhandlung, in der Schwester Clementia als Zeuge auftritt, wegen der versuchten Devisen-Erschleichung.)

---

87 Die Verhandlungen des Berufungsverfahrens.

31. Januar.
(...) Fünf Uhr. Zeit zum Aufstehen. Am Schellen der Glocke, welches heute zweimal stattfand, merkten wir schon, dass etwas Besonderes geschehen war. Alles kleidete sich rasch an, und als sie hinunter wollten, kamen ihnen die zwei Schwestern mit freudigem Gesicht entgegen. Der liebe Gott möge es verzeihen, trotz der Zeit des tiefen Stillschweigens konnten wir doch die Frage, wie es gegangen wäre, nicht unterlassen. Kurz war die Antwort: „Alles gut, Provinzial ganz frei, ist schon in Füchtel.“ (...) Dieser gute Ausgang wurde allgemein der Fürbitte unseres lieben Pater Titus zugeschrieben. (...) [Weitere ausführliche Beschreibung der Berufungsverhandlung.]«

Zeugenaussage von Sr. Benvenuta Fischermann OP, Konventsarchiv, Ordner B.

»(...) P. Titus hatte am letzten Tage im Hospital zu Oldenburg, als unsere Schwester Oberin bei ihm war, den Wunsch geäußert, etwas Obst für seinen Durst zu haben. Man berichtete es umgehend nach Vechta und wir bereiteten sofort Ananas mit etwas Schlagrahm. Das wurde ihm sofort nach Oldenburg gebracht, und Schwester Oberin selbst konnte es ihm reichen[88]. Mit Freuden nahm er davon, weil es seinen brennenden Durst löschte. Als Pater Titus nun in der Nacht darauf starb, verdächtigte man uns, wir hätten ihn vergiftet, um ihn vor der letzten Gerichtsverhandlung zu bewahren, weil wir eine Verurteilung befürchtet hätten. Um nun diesen Verdacht von vornherein niederzuschlagen, gab P. Laurentius Siemer

88 Die Geschichte vom Ananassaft wird an anderer Stelle [Kapitel 5 (16)] etwas anders erzählt.

die Erlaubnis, seine Leiche zu öffnen und zu untersuchen, was auch geschah. (...)«

(5)

Brief des P. Titus an den Vechtaer Prior Otmar Decker OP vom 10. Juni 1935.
Zum Inhalt dieses Briefes: die unten genannten Verbote wurden später, vermutlich nach dem Tod von P. Thomas Stuhlweissenburg OP, wieder aufgehoben. Ihm wurde auch kirchlicherseits erlaubt, ohne einen Ministranten die heilige Messe zu lesen.
Konventsarchiv, Aktenordner E, Schriften des SD.

»Lieber hochw. P. Prior!
Durch den Herrn Oberinspektor, hier, erhielt ich heute die Mitteilung, dass ich
1. nicht mehr zelebrieren dürfe, es sei denn ohne Ministranten, auch Herr Vikar Grafenhorst dürfe nicht ministrieren.
2. nicht mehr allein mit dem Herrn Vikar sprechen dürfe, der Herr Staatsanwalt müsse immer dabei sein.
3. nicht mit meinem Rechtsanwalt allein sprechen dürfe, es sei denn, dass der Herr Staatsanwalt zugegen sei.
4. die Wäsche etc. nicht mehr nach Vechta schicken dürfe.

Über den letzten Punkt habe ich heute Morgen schon an Mutter Priorin geschrieben. Ebenso, dass mein Geldvorrat hier zu Ende geht. Ich hätte es Ihnen zuerst schreiben müssen, habe aber nicht daran gedacht. Können Sie in Betreff der anderen Punkte etwas für mich tun? Ich muss doch wenigstens für die hl. Beichte mit dem Vikar allein sprechen können. Die strengen Verordnungen gehen, wie mir gesagt worden, vom Generalstaatsanwalt in Berlin aus, dem unsere Sachen unterstellt sind. Kann ich allein

die hl. Messe lesen ohne Ministranten? Ich will dem Rechtsanwalt schreiben, dass ich trotz der Bestimmung des Herrn Generalstaatsanwaltes von Berlin mit ihm zu sprechen wünsche.
Ich empfehle mich sehr dringend in Ihr und aller Mitbrüder Gebet.
Heiligstes Herz Jesu, ich vertraue auf Dich!
Mit der Bitte um Ihren hl. Segen in St. Dominico gehorsamst Fr. Titus M.«

(6)
Letzter Brief von P. Titus an die Priorin der Vechtaer Dominikanerinnen vom 12. Januar 1936, Konventsarchiv, Ordner E. Die letzten Briefe des P. Titus erschüttern einen, wenn man an dieser Stelle seine Handschrift mit der früherer Briefe vergleicht.

»Oldenburg, 12.1.1936

Wohlehrwürdige liebe Mutter Priorin!
Vielen Dank für Ihren lieben Brief vom 4.1. und Ihren Besuch, der mir große Freude machte und ein ganz unerwartetes Namenstagsgeschenk war. Lassen wir die Angelegenheit mit P. P.[89]. Es regelt sich in einem Monat alles von selbst. Gottes heiligster Wille geschehe! Ich bete und opfere. Vielen Dank für alle Ihre Sorge. Zähne, [es folgt ein unleserliches Wort!]. Will sehen, was ich tun kann. [zwei unleserliche Buchstaben] Koffer geht morgen ab. Albe [Gewand des Priesters zur Messfeier], die Sie sandten, ist zu schwer. (Mein Herz ist sehr klapperig, dies nur für Sie) [Zwischen die Zeilen gesetzt dies:] Bin in ärztlicher Behandlung. [Dann wieder in der Zeile:] Auch die zu

89 Worauf P. Titus hier anspielt, ist mir unklar.

große Altardecke. Lege die schmutzige bei, da sehen Sie die Größe. Sie gehört dem Pius-Hospital. Sie senden Ende der Woche, wenn möglich. Es freut mich, dass Sie den Vortrag vom heiligen Johannes vom Kreuz verwerten können. Beten. Seien Sie alle recht munter, streben Sie danach, eine heilige Familie zu bilden.
Nun alles Gute! Im Gebete und Opfer vereint.
Das göttliche Kind segne uns
Ihr dankbarer fr. Titus M.«

(Als PS.)
»Der Termin[90] ist jetzt festgelegt. 29.1., 10 Uhr morgens. Er wird wohl zwei bis drei Tage dauern. Beten Sie öfter ein Stoßgebetlein, dass ich durchhalte. (...)«

(7)
Aus den Aufzeichnungen des P. Titus während der Haft, Konventsarchiv, Ordner E.
Tatsächlich finden sich in diesen entwurfähnlichen und sehr unleserlichen Notizen kaum solche, in denen P. Titus über die Anklage spricht und sich Gedanken über die Verteidigung macht. Deswegen sei hier der Entwurf eines Briefes an den Rechtsanwalt Achter[91] festgehalten.
Im Übrigen finden sich auf diesem DIN-A-4-Blatt noch drei halbe Seiten Niedergekritzeltes zum Prozess, das nicht zu entziffern ist.
Dann finden sich hier noch zwei DIN-A-4-Blätter mit absolut unleserlichen Bleistiftnotizen, die offenbar auch seiner Verteidigung dienen sollten.

---

90 Termin der Berufungsverhandlung, die P. Titus nicht mehr erlebte.
91 Ich bin mir nicht ganz sicher, ob hier wirklich Rechtanwalt Achter gemeint ist oder nicht doch Rechtsanwalt Schauenburg.

»Sehr geehrter Herr Rechtsanwalt!
So weit die beiden Punkte: Darlehen, Überweisung nach Ilanz und die Schwichteler Angelegenheit. Es liegt noch ein dritter Anklagepunkt vor wegen Überweisung von 21.000 M in die Mission Juli 1932 auch mit Genehmigung der (...) [es folgt ein völlig unleserliches Wort] Es wird behauptet, ich soll diese [wieder ein völlig unleserliches Wort, vielleicht: dieses Gesuch] durch bewusstes [es folgt ein völlig unleserliches Wort, vielleicht: absichtliches] Verschweigen wichtiger Punkte erschlichen haben. Darauf, so Gott will, komme ich morgen in einem neuen Brief [zwischen den Zeilen stehen noch drei oder vier völlig unleserliche Worte] an Sie zu sprechen. Wann können Sie einmal nach hier kommen, am besten vorher in Vechta vorsprechen. Mündlich lässt sich alles besser ausmachen. Möge der liebe Gott uns helfen auf die Fürsprache des heiligen Albert.«

(8)
Briefe aus der Haft.
Konventsarchiv, Aktenordner E, Schriften des SD.
Aus den Briefen des P. Titus an den Vechtaer Prior Otmar Decker und an andere Mitbrüder.
Ich sammle im Folgenden Buch- und Lektürewünsche des P. Titus mit der Leitfrage: Wie verbrachte P. Titus die lange Zeit in der Untersuchungshaft? Manchmal spricht aus diesen Briefen großer Schmerz.

(14. Juni 1935)
(Aus einem Brief an P. Swidbert Soreth OP)
»(...) Noch eins! Haben Sie etwas zerstreuende Lektüre? Sie werden sich sicher wundern über diese Frage! Habe den hl. Johannes vom Kreuz hier, die heilige kl. Theresia,

Hl. Schrift. Trotzdem finde ich mich oft am Grübeln. Das ist nicht gut. Noch eins, es erscheint mir, als ob ich mitunter durch zu vieles Beten, besonders mündlich, ermüde, ängstlich werde. Innerliches Gebet ist auch oft schwer in Zeiten der Prüfung. Können Sie mir raten? Ich muss mich fast zu allem zwingen – beten, lesen, betrachten etc. Ich glaube, ich muss energischer werden, mehr Gottvertrauen und ein tieferes Glaubensleben haben. (...)«

(10. Juni)
(An P. Otmar)
»(...) Ich will sehen, dass ich mich anders beschäftigen, etwas schriftlich ausarbeiten kann. Am liebsten lese ich mystische Schriften, Louismet[92], hl. Johannes vom Kreuz, hl. Theresia von Lisieux. Die genannten Schriften habe ich hier. Sicherlich ist diese Zeit für mich eine große Gnadenzeit. (...)«

(21. Juni)
(An P. Otmar)
»(..) Ob A.R.P. Provinzial [Laurentius Siemer] und P. Thomas [Stuhlweissenburg] hier sind, weiß ich nicht. Ich habe nichts gehört und nichts gesehen. (...)«

(11. Juli)
(An P. Swidbert)
»(...) Vielen Dank für die angegebene Lektüre. Die Werke, d.h. das eine oder das andere von Fritz Reuter[93] wollte ich immer einmal lesen. – P. Pius [Keller] und P. Timotheus lobten sie so sehr – aber ich glaube, die Sprache macht mir Schwierigkeiten. (...)«

---

92 Schwer zu entziffern!
93 Welche Werke des Schriftstellers Fritz Reuter (1810-1874) P. Titus hier meint, muss offen bleiben.

(26. Juli)
(An P. Swidbert)
»Lieber hochw. P. Swidbert! Wenn ich mich recht erinnere, haben Sie in diesem Monat Ihre Silberprofess. Der genaue Tag ist mir leider nicht mehr im Gedächtnis. (...) Nun wollte ich Ihnen von ganzem Herzen Gottes Segen wünschen und um Entschuldigung bitten, dass ich nicht alles so genau weiß, da ich keinen Katalog zur Hand habe. Möge der liebe Gott Ihnen recht reiche Gnaden schenken und Sie und alle Ihre Mitprofessen recht tief hineinschauen lassen in den übernatürlichen Wert heiligen Ordenslebens. Das Ordensleben und seine Gnaden mögen sich uns immer wieder erschließen, damit wir es ausnützen, verwerten, verwirklichen können. Ich glaube, die heutige Zeit hat für die Entfaltung des Reiches Christi in unserem Vaterland nichts notwendiger als dies. (...) Dass wir die Gabe Gottes erkennten! Sie verstehen! Ich will auch nicht predigen, es ist mehr ein Ausfließen, ein Austauschen von Seele zu Seele, ein sich gegenseitig Befestigen, Vertiefen. Wovon sollten wir auch sonst sprechen! Höchstens noch von ähnlichen literarischen Arbeiten. Also recht innige Gnadenwünsche! (...)
Noch eine Frage: Ich meine zuweilen, ich bete zu viel mündlich ... unter sog. Polizeiaufsicht: Wenn du nicht betest etc., erfüllt dir Gott deine Bitte nicht etc., d.h. freiwillig gewählte Gebete, Litaneien etc. Ich habe dann das Gefühl, als ob es mich in der Andacht, Gottinnigkeit störe, ich sollte von Herzen zu Herzen wie ein Kind zum Vater sprechen oder ausruhen bei Gott. Oft habe ich in der Kapelle in Vechta das geübt, wovon der heilige Johannes vom Kreuz spricht (Aufstieg II, 11 Kap., Theatiner Ausgabe, I. Band, 1927, S. 132, 3. Punkt): Ausruhen bei Gott, sich freuen, bei Gott sein zu dürfen vor dem Allerheiligsten. Nun denken Sie bitte nichts Besonderes von mir. Mir kommt es nur darauf an zu wissen,

wann darf ich das mündliche Gebet (Litaneien) lassen und zum liebenden Gebet mehr dem Worte (Er liebt mich und ich liebe Ihn) übergehen. Ist es nicht Faulheit? Nun haben Sie Erbarmen mit mir und beten für mich um Demut. Noch einiges hätte ich zu fragen. Vielleicht später. Sprechen Sie offen mit mir, besonders wenn Sie den Eindruck haben, dass nicht Gott allein das Ziel wäre. (...) In steter Gebets- und Opfer-Vereinigung, Ihr dankbarer fr. Titus M.«

(6. November)
(An P. Otmar)
»(...) Gern hätte ich den I. Band der Werke der großen hl. Theresia. Enthaltend ihre Selbstbiographie oder Band II und III der Werke des heiligen Johannes vom Kreuz, Theatiner-Verlag. Die anderen Bände I, IV, V habe ich hier. (...)«

(22. November, in einem Brief an die Priorin der Vechtaer Dominikanerinnen, Archivort s.o.)
»(...) Könnte ich ein altes Exemplar von fr. Angelico von P. Innozenz haben. Würde es gern lesen und die Bilder besehen. (...)«

(24. November)
(An P. Otmar)
»(...) Gern würde ich lesen: Hugo Balls „Weg zu Gott". Wenn Sie es gelegentlich mir schicken ließen, wäre ich sehr dankbar. (...)«

(8. Dezember)
(An P. Otmar)
»(...) Sollte das Christkindlein auch in diesem Jahr in der Lage sein, mir einen Bücherwunsch zu erfüllen, dann wäre es dieser:

Dr. Josef Dillersberger, Der neue Gott. Ein biblisch-theologischer Versuch über den Epheser-Brief. Anton Pustet, Salzburg.
Den Preis des Buches kenne ich nicht, hoffe aber, dass er nicht zu hoch ist. (...)«

(18. Dezember)
(An die Priorin, Sr. Natalia Bedbur OP)
»(...) Sie fragten mich wegen der Werke des heiligen Johannes vom Kreuz. Man muss m. E. vorsichtig sein, wenn man seine Schriften den Schwestern aus dem III. Orden in die Hand gibt. Wohl enthalten sie vieles Erbauliche und Praktische für Vorträge. Wie weit Schwestern des III. Ordens die Werke direkt lesen, weiß ich nicht, da mir die Erfahrung fehlt. Bekanntlich hat der heilige Johannes vom Kreuz seinen „Geistlichen Gesang" einer Priorin des Karmel von Granada gewidmet und auch auf ihre Bitten verfasst. (...)«

(20. Dezember 1935)
(An P. Swidbert Soreth OP)
»(...) Kennen Sie einen guten Biografen vom hl. Johannes vom Kreuz? Ich habe keine Beziehung zum Karmel. Vielleicht geben Sie mir gelegentlich den Titel an. (...)«

(9. Januar 1936)
(An P. Swidbert)
»(...) Höchst wahrscheinlich der entscheidende Termin: 29. – 30.1. (...) Wie ich höre, geht es A.R.P. Provinzial recht gut. Vielleicht ist es besser, von meiner vorübergehenden Unpässlichkeit nicht viel Wesens zu machen. Ich glaube, es ist bald wieder vorüber. (...)«

(10. Oktober 1935)
(An P. Innocenz Strunk OP)
»(...) Vielen Dank an Herrn Arenhövel für Übersendung Guardini „Aus dem Leben des Herrn" (...).«

(27. November 1935)
(An P. Innocenz)
»(...) An Murillo habe ich viel Freude gehabt. Es ist wirklich große Kunst. Die Bilder gefallen mir immer mehr, und man findet immer neue Schönheiten. Mit Erlaubnis des Herrn Oberinspektors durfte ich Murillo an P. Provinzial weitergeben. So kann ich es Ihnen noch nicht zurücksenden. Aber noch viel mehr Freude macht mir Ihr fra Angelico. Es ist himmlische Kunst und Beschauung. (...) Dankbar wäre ich für einige große bunte Bilder von fra Angelico aus den Seemann´s Mappen. (...) Ebenso hätte ich gern gelegentlich Ihren Achtermann und [Ihre]) Kellermonografie. (...)«

(27. November)
(An P. Heinrich Christmann OP)
»(...) Heute komme ich mit einer Schwierigkeit zu Ihnen, in der Sie mir vielleicht helfen können. Die Schwierigkeit hier ist die Beschäftigung. Ich bete viel und betrachte, lese viel in den Schriften des heiligen Johannes vom Kreuz, auch etwas Kunst treibe ich: Murillo, fra Angelico. Aber man kann nicht immer beten und religiöse Schriften lesen. Können Sie mir da helfen durch Angabe entsprechender Literatur? Romane kann ich fast nicht lesen. Es widerstrebt mir. Vor Jahren gaben Sie mir an: Hugo Ball´s „Weg zu Gott".[94]

94 Es muss sich m.E. um das Werk „Hugo Balls Weg zu Gott" von Emmy Ball-Hennigs, 1931, handeln.

Ergreifend! Habe es mir von Vechta wieder erbeten. So ähnliche Schriften sagen mir zu. Kennen Sie noch Ähnliches? „Ahlborn“[95] von Frl. Magnussen, jetzt im Albertus-Magnus-Verlag erschienen, habe ich gelesen. Es darf also wohl religiös sein, aber mit dem Leben verbunden. Sie brauchen mir nur den Titel anzugeben. (...) Ich werde noch ganz Karthäuser! Habe kein Verlangen nach der Welt. Beten Sie, dass ich alles zu meiner Heiligung ausnütze. (...)«

(30. November)
(P. Heinrich an P. Titus – Konventsarchiv, Ordner E)
»(...) Nun zu den Büchern. Dass die eigentlich spekulativen Traktate des heiligen Thomas augenblicklich für Sie eine zu große Anstrengung bedeuten, glaube ich gern. Aber der Traktat De Sacramentis (Bd. 29 unserer Ausgabe[96]) ist so konkret und praktisch und doch wieder so tief, dass er Ihnen nach meiner Berechnung sehr viel Anregung geben dürfte, ohne Sie zu ermüden. (...) Alles andere steht auf beiliegendem Zettel. Ich stelle sie[97] so hintereinander, wie sie nach meinem Werturteil zu stehen kommen müssten. Das bedeutet aber nicht, dass Sie derselben Auffassung sein müssen. Sicher ist das eine oder andere dabei, das Ihrer augenblicklichen Situation in der Weise angepasst ist, dass es Sie genügend fesselt und doch nicht ermüdet. (...)«

---

95 Ingeborg Magnussen, Des Malers Wilhelm Ahlborn Lebensschicksale, von ihm selbst erzählt, Vechta 1935.

96 Thomas von Aquin, Die Deutsche Thomas-Ausgabe. Vollständige, ungekürzte deutsch-lateinische Ausgabe der Summa theologica (Übersetzt von Dominikanern und Benediktinern Deutschlands und Österreichs, hrsg. von dem Katholischen Akademikerverband), Bd. 29: Die Sakramente. Taufe und Firmung, Salzburg – Leipzig 1935.

97 Die Buchempfehlungen. Leider fehlen diese Buchempfehlungen im Konventsarchiv.

(Ohne Datum, aber wohl nach dem 27. November)
(An P. Heinrich)
»Vielen Dank für Ihren lieben Brief vom 30.11., der mir große Freude machte. Wir verstehen uns schon. Ihrem Rate folgend möchte ich Sie herzlich bitten, mir Band 29 De Sacramentis zukommen zu lassen. (...) Dillersberger, „Der neue Gott", habe ich direkt beim Christkindlein in Vechta bestellt. Ich muss mich geistig beschäftigen, das ist das Beste. (...)«

(15. November)
(An seine leibliche Schwester Johanna)
Vgl. auch Abdruck in „Briefe", S. 138.
»(...) Augenblicklich lese ich ein Buch über die Hl. Schrift, das ich Dir sowohl für das Kloster als auch für die Kinder sehr empfehlen möchte, es heißt: [Franz Michel] Willam, „Das Leben Jesu im Lande und Volke Israel", Herder. Dann lese ich noch die Werke des heiligen Johannes vom Kreuz. Ich habe alle seine Werke. Die meisten habe ich schon mehrmals gelesen. (...) Oft lese ich auch in dem lieben Leben der kleinen heiligen Theresia vom Kinde Jesu. Ich will auch das große Leben von Mutter Barat von Vechta schicken lassen. Ich hatte es auf meinem Zimmer. Ebenso andere anregende Schriften über Eure Kongregation. Vielleicht schreibst Du mir einige besonders empfehlenswerte auf. Ich treibe auch Kunststudien, so habe ich hier ein Buch über Murillo. Es macht mir viel Freude. Immer wieder kann man seine Bilder bewundern und in ihnen Neues finden. (...)«

(9)
P. Willigis Erren OP an das Generalat, Köln, 14. Oktober 1935, Kopie der Urkunde, die sich im Archiv zu Rom befindet (AGOP XIII. 71124). Die Kopie ist sehr schlecht, ich bekam sie von P. Rainer Groothuis OP. Emendationen von mir bzw. P. Rainer sind, soweit sie sich nicht selbstverständlich ergaben, als solche gekennzeichnet. Abkürzungen schreibe ich aus. Die Kopie befindet sich nun im Konventsarchiv, Mappe „Quellen", Nr. 9.
Es handelt sich hier um einen Bericht über den Suizid des P. Thomas Stuhlweissenburg OP; aber er gibt ja grundsätzlich Auskunft über das Leiden der Inhaftierten. Deshalb fügte ich ihn hier ein.

»Sehr verehrter Hochwürdiger P. Socius Mag. Gen.

Endlich komme ich dazu, den traurigen Bericht für Reverendissimus P. General[98] und Sie niederzuschreiben.
Gleich nach dem Tode [des P. Thomas Stuhlweissenburg] habe ich mich bei dem Rechtsanwalt[99] in Oldenburg, der den P. Titus vertritt, und da er am Orte des Gefängnisses weilt [und er sich] der beiden anderen mit Liebe angenommen, über die letzten Tage des P. Thomas erkundigt: Ein amtlicher Bericht über den Tod und die Todesursache ist nicht ausgegeben worden.
Die Staatsanwaltschaft hat an die höhere Behörde berichtet, dass besondere Gründe für den Tod nicht erkennbar seien.
Der Rechtsanwalt (selbst Protestant, da Oldenburg ganz protestantisch ist) schreibt dann weiter: „Für mich besteht kein Zweifel, dass P. Thomas unter der Haft außerordentlich litt und auf die Dauer den Wirkungen der Haft nicht

98 „Reverendissimus P. General" für den hochwürdigsten P. General.
99 Rechtsanwalt Schauenburg.

gewachsen war. Aus diesem Grunde habe ich vor einigen Tagen gelegentlich eines zufälligen Zusammentreffens mit dem Arzte die Bitte ausgesprochen, dass der Arzt sich der Patres besonders annähme, und zwar habe ich in erster Linie an P. Thomas gedacht. Mit dem Gefängnisvorsteher habe ich auch eingehend gesprochen. Er hält es für sicher, dass P. Thomas sich in einem Augenblick geistiger Unzurechnungsfähigkeit das Leben genommen hat. P. Thomas hat am Mittag noch [...unleserliches Wort] und dann um einige Zigarren gebeten. Ehe ihm diese Zigarren gebracht worden, war er schon tot. Er war außerordentlich unruhig, wanderte in seiner Zelle dauernd auf und ab und konnte sich nicht einmal so weit beherrschen, dass er das Essen im Sitzen einnahm. Auch während des Essens ging er vielmehr in der Zelle herum und nahm dann nur schnell einige Bissen zu sich. Für mich ist aber in erster Linie der Eindruck bestimmend, den ich bei den früheren Unterredungen mit ihm gehabt habe. Die ganzen Vorgänge zeigen, dass P. Thomas, trotzdem er logisch noch scharf denken konnte, damals schon als unzurechnungsfähig angesehen werden konnte. Es hatten sich bei ihm mehr oder minder Wahnvorstellungen gebildet, unter denen er schrecklich gelitten haben musste. Er war überzeugt, dass er dem Orden unermesslichen Schaden zugefügt hätte, und hat sich deshalb furchtbare Gewissensbisse gemacht. Das alles ist ihm schließlich zu viel geworden. P. Siemer ist über den Tod von P. Thomas und seine Ursache genau unterrichtet. Herr Landgerichtsrat Dr. Th. [Thomsen], Vorsitzender in dem Gerichtstermin, der für 29./30. Oktober festgesetzt ist, hat P. Siemer am nächsten Tage aufgesucht und etwa 1 1/2 Stunden mit ihm gesprochen. Wie Herr Landgerichtsrat mir mitteilte, hat P. Siemer den Wunsch, dass die Todesursache möglichst wenig bekannt wird."

So weit der Bericht des Rechtsanwaltes. Was die Behandlung im Gefängnis betrifft, so waren die Beamten äußerst rücksichtsvoll und entgegenkommend, soweit es aber im Rahmen der Verordnungen sich machen ließ. So wird mir von dort geschrieben: „Nach allem, was ich von den Gefängnisbeamten gehört habe, vermag die geistige Umnachtung, die schließlich zu dem tragischen Ende geführt hat, das Bild des P. Thomas nicht zu trüben. Die Beamten alle sind voll des Lobes über P. Thomas, über seine Geduld und seine Ruhe und Ergebenheit. Weder bei ihnen, noch bei allen, die mit ihm zu tun hatten, hat das tragische Ende eine abträgliche Bemerkung oder Beurteilung gefunden."

Nach diesen Urteilen, die Außenstehende, ja Andersgläubige über unseren Mitbruder fällen, können wir zuversichtlich schreiben. Wir kennen seinen Eifer, seine Sorge, seine selbstpeinigende Überlegung in allen Dingen, die er betrieb. Wenn er dann, nachdem er sich in der zermürbenden Atmosphäre des Gefängnisses förmlich „zerdacht" u. zergrübelt hat, wie ein Pater sagte, kann man die geistige Umnachtung, in der er sich erhängt hat, verstehen. R.I.P.

Am 8. Oktober war in Düsseldorf die Beisetzung des Heimgegangenen. Wohl kaum war sonst die große Kirche so besetzt wie bei der Gelegenheit. Alles staute bis an die Kommunionbank, auch in den Nebengängen; ebenso war der Conflux auf dem Friedhofe. Auffallend war auch die Anteilnahme des Klerus. Hoffentlich haben die 6 Monate, die vorangingen, sein Fegfeuer getilgt, sodass er uns auch bald in alter Liebe und Treue helfen kann!«

(10)

Über den Tod von P. Thomas Stuhlweissenburg.
P. Titus schreibt am 13. Oktober 1935 an die Priorin in Vechta, Konventsarchiv, Ordner E, Schriften des S.D.

»(...) Mit innigem Dank gegen Gott sehe ich an Ihren lieben Zeilen, (...), dass Sie auch das neue Kreuz, das der liebe Gott uns schickte, richtig aufnehmen. Kindliches Vertrauen und gänzliche Hingabe in die heiligste Vorsehung Gottes. Wir wollen das Kreuz aufopfern für die Seelenruhe des lieben Verstorbenen und treu für ihn beten. (...)«

(11)

Der Reichsminister der Justiz an den Herrn Generalstaatsanwalt in Oldenburg, Berlin W8, den 21. Februar 1936.
Fotokopie, Konventsarchiv, Mappe „Quellen“ Nr. 6.

»(...) Nach einem mir vorliegenden Bericht hat der Strafanstaltsarzt[100] den in der Nacht vom 25. zum 26. Januar 1936 in der Untersuchungshaft verstorbenen Angeklagten Horten kurz vor seinem Tode noch für haftfähig erklärt. Auf die Mitteilung des Verteidigers, Rechtsanwalt Dr. Achter in Köln, Horten liege seiner Meinung nach im Sterben, soll der Anstaltsarzt lediglich erwidert haben, Horten habe sich bei ihm bisher noch nicht gemeldet.
Ich ersuche [...unleserliches Wort] zu berichten, ob das Verhalten des Anstaltsarztes zu Maßnahmen Anlass gibt.«

---

100 Dr. Reuter.

(12)

Landesmedizinalrat Dr. Reuter, Gefängnisarzt beim Untersuchungsgefängnis, Oldenburg, den 4. März 1936.
Fotokopie, Konventsarchiv, Mappe „Quellen“, Nr. 6.

»(...) Zu der mir am 2.3.36 vorgelegten Anfrage über den verstorbenen Untersuchungsgefangenen Dr. Titus Horten äußere ich mich im Folgenden:
Als Unterlage zu meiner Stellungnahme habe ich eine Abschrift aus dem Krankenbuch der Gefängnisanstalt Oldenburg anfertigen lassen, die ich beifüge.
Der Angeklagte Horten ist während des Aufenthalts in der Anstalt verschiedentlich von mir behandelt worden. Bei der Aufnahme im Gefängnis wurde mir Horten vorgestellt. Er gab auf mein Befragen an, eine Lungenkrankheit überstanden zu haben, auch sonst leicht anfällig zu sein.
Es handelte sich bei Horten um einen wohlgenährten, großen, kräftigen Mann. Bei der Aufnahme bestand eine Nagelbettentzündung an der Großzehe des rechten Fußes, die von mir behandelt und geheilt worden ist, außerdem ließen sich bei der Aufnahme weder am Herzen noch an der Lunge auffallende Erscheinungen feststellen.
Von einer besonderen Stellungnahme zu den einzelnen kleineren Behandlungsfällen gegen Zahnschmerzen, Hämorrhoiden etc. kann ich absehen, da ich sie für den Fall an sich für belanglos halte.
Nicht aufgenommen in der Behandlungsliste ist unter anderem eine Behandlung aus dem Oktober des Jahres 1935, Horten hatte sich damals bei mir kurz vor dem 1. Termin in seiner Angelegenheit gemeldet, da er sich unruhig fühlte, schlecht schlafe und sehr nervös sei. Ich habe im Oktober Horten behandelt und damals einen Zustand

festgestellt, der mit Herzbeschleunigung einherging. Es gelang mir, mit den von mir verordneten Medikamenten Horten wiederherzustellen, und ich habe dann Horten erst gegen Ende Dezember wegen Zahnschmerzen und Hämorrhoiden wiedergesehen. In der Zwischenzeit hatte sich Horten nicht mehr krank gemeldet.
Im Anfang Januar 1936 nahm ich dann die Behandlung des Horten erneut auf. Der Vorgang, der zu dieser Behandlung führte, war etwa folgender:
Etwa am 4. Januar wurde ich telefonisch von dem Vikar Grafenhorst angerufen, dass Horten nicht recht auf dem Posten sei und man sich Sorge um sein Befinden mache. Ich erwiderte etwa Folgendes, dass ich vor einigen Tagen (27.12.35) Horten zum letzten Male gesehen habe, dass ich ihn wegen der geklagten Beschwerden behandelt hätte, dass Horten sich bei mir nicht wieder gemeldet habe und dass er sich, wenn er sich krank fühle, bei meinen Visiten des Gefängnisses, auch sonst krank melden könne. Ich betonte außerdem, dass ich selbstverständlich, wenn etwas Ernstliches vorläge, noch am gleichen Tage mich um Horten kümmern würde. Dass eine solche Notwendigkeit vorliege, wurde nicht von dem Anrufenden behauptet, auch bestätigte eine sofort darauf vorgenommene telefonische Erkundigung im Gefängnis, dass eine Krankheit des Horten nicht vorliege, die mein sofortiges Kommen benötigte.
Am 6.1.36 habe ich dann Horten in Behandlung genommen. Es handelte sich um einen ähnlichen Zustand wie im Oktober, bei dem unter Pulsbeschleunigung und Unregelmäßigkeit, sowie den damit verbundenen Beschwerden der Allgemeinzustand verhältnismäßig gut war, denn Horten stand auf und hatte sich nicht selbst krank gemeldet, sondern war von mir zur Untersuchung aus seiner

Zelle geholt worden. Ich besprach die medikamentösen und sonstigen Anordnungen, wie Bettruhe, Teilnahme am Spaziergang, das Abbrechen der Vornahme der priesterlichen Handlungen etc. und empfahl größte Schonung. Bei den folgenden Visiten habe ich Horten jedes Mal zur Untersuchung rufen lassen, stellte aber dann am 13.1.36 fest, dass die von mir erwartete Besserung wie im Oktober bei gleicher Behandlung nicht eingetreten sei, und schlug, wie aus der Akte ersichtlich, die Überführung ins Peter-Friedrich-Ludwig-Hospital vor. Auch während des Aufenthalts im Hospital habe ich durch regelmäßige Fühlungnahme mit dem behandelnden Arzt und mehrfach gemeinsamer Beratungen mich von dem Verlauf der Krankheit überzeugt, der leider nicht, wie erst von mir und dem behandelnden Arzt angenommen, zur Besserung Neigung zeigte, sondern trotz aller nur möglichen medikamentösen und sonstigen Behandlungsmethoden wider Erwarten tödlich endete. Als letzte Todesursache wurde durch Sektion festgestellt, dass Herzinsufficienz mit Lungenembolie vorlagen.
Zu dem von dem Herrn Reichsminister der Justiz unter dem 21.2.36 vorgelegten Schreiben äußere ich mich folgendermaßen. Eine Haftfähigkeitserklärung, betreffend Pater Horten kurz vor dem Tode am 25.1.36 von mir ausgehend, hat nicht stattgefunden. Ich habe an dem besagten Tage und auch überhaupt in den Tagen der Krankheit des Horten mit dem Rechtsanwalt Dr. Achter in Köln keinerlei Gespräch geführt. Vom 13.1. bis 25.1.36 behandelte im Übrigen Medizinalrat Dr. Kohlmann als Chefarzt des Krankenhauses den kranken Horten. Eine Äußerung, wie sie in dem Schreiben vom 21.2.36 Erwähnung findet, ist von mir also gar nicht gefallen. Ich habe lediglich in den Tagen der Krankheit und der Krankenhausbehandlung

mit dem Rechtsanwalt Dr. Schauenburg, Oldenburg, über die Krankheit gesprochen, im Übrigen entsprechend meiner laufenden, fast täglichen Orientierung über den Zustand zu den einzelnen aus den Akten ersichtlichen Tagen Stellung genommen (siehe unter dem 21.1. und 23.1.). Diese Stellungnahmen an sich sprechen ebenso wie die am 13.1.36 abgebrochene Behandlung im Gefängnis ein klares Wort darüber, welche Auffassung und welche Orientierung ich über den Zustand des Horten hatte. Im Übrigen betrachte ich mit dem Tage, an dem ich die Entlassung aus dem Gefängnis vorschlug, die Haft für unterbrochen, denn Horten kam im Krankenhaus in II. Klassen-Behandlung und war der ihm unangenehmen Haft im Gefängnis enthoben.
Ich betone außerdem, dass ich in der mehr als halbjährigen Haftzeit des Horten verschiedentlich bei seinen Vorstellungen mich mit ihm unterhalten habe und dass zwischen ihm und mir als Arzt ein Vertrauensverhältnis bestand. Horten sprach sich mir gegenüber des Öfteren über seine auch psychischen Beschwerden aus und ist von mir verschiedentlich ermuntert worden, wenn er mir seine Bedrückung über seinen Gefängnisaufenthalt und seine zu erwartende Bestrafung aussprach. Ich betone schließlich nochmals, dass ich selber von niemandem danach gefragt worden bin, ob die Haft aufzuheben sei. Auch Herr Medizinalrat Kohlmann, den ich befragt habe, ob er ein wie im Schreiben umrissenes Gespräch mit dem Rechtsanwalt kurz vor dem Tod des Horten oder überhaupt geführt habe, verneint dies.
gez. Dr. Reuter.«

(13)

Generalstaatsanwalt vom Oberlandesgericht, Oldenburg i.O., den 10. März 1936, an den Herrn Reichsminister der Justiz in Berlin, Fotokopie, Konventsarchiv, Mappe „Quellen", Nr. 6.

»Hierneben lege ich einen Bericht des im Nebenamt als Gefängnisarzt beim Untersuchungsgefängnis in Oldenburg beschäftigten Oldenburgischen Landesmedizinalrats Dr. Reuter vom 4./7. d. Mts. in Abschrift vor. Auch liegen ein Auszug über den verstorbenen Untersuchungsgefangenen Franz Horten aus dem Krankenbuch des Untersuchungsgefängnisses sowie Aktenstücke der Staatsanwaltschaft bei dem Landgericht Oldenburg über die Erkrankung Horten´s, diese mit der Bitte um Rückgabe, an. Horten ist am 13. Januar 1936 unter Aufrechterhaltung des Haftzustandes aus dem Untersuchungsgefängnis in das staatliche Peter-Friedrich-Ludwigs-Hospital übergeführt worden und dort bis zu seinem in der Nacht vom 25. zum 26. Januar 1936 eingetretenen Tode verblieben. Der leitende Arzt des Hospitals, Medizinalrat Dr. Kohlmann, ein anerkannt besonders fähiger und tüchtiger Facharzt für innere Krankheiten, hat am Tage vor dem Tode Horten´s dem Oberstaatsanwalt Dr. Witte auf fernmündlichen Anruf erklärt, dass eine akute Lebensgefahr nicht bestände und daher kein Anlass dazu vorläge, den Haftbefehl aufzuheben, dass es aber zur Beschleunigung seiner Genesung sich empföhle, den Angeklagten Horten in ein freundlicheres Zimmer zu verlegen, was geschehen ist. Den Anstaltsarzt trifft keinerlei Verschulden. Zu irgendwelchen Maßnahmen gegen ihn liegt kein Anlass vor.«

(14)

Zur Verurteilung des P. Titus im Herbst 1935. Unmittelbar vor der Urteilsverkündigung am 04. November 1935 schreibt P. Titus an die Priorin der Vechtaer Dominikanerinnen, Sr. Natalia Bedbur, am 13. Oktober, Konventsarchiv, Ordner E, Schriften des S.D.

»(...) Mir geht es gut. Ich bin ganz ruhig und habe das feste Vertrauen, dass alles Kreuz uns näher zum lieben Heiland führt. Beten wir auch weiter treu füreinander. So Gott will, kommt ja in diesem Rosenkranzmonat die Entscheidung. Ich habe jetzt manches mehr: der Anstaltsgeistliche [Vikar Grafenhorst] darf zu mir kommen, auch der Rechtsanwalt, täglich kann ich eine Stunde spazieren gehen. Alle hier im Haus sind sehr lieb zu mir. (...)«

(15. Oktober)
»(...) Sie werden ja auch von A.R.P. Prior wissen, dass der Termin am 29.10. ist, morgens 9.00 Uhr. Vielleicht wird es zwei oder drei Tage gehen, wie mir eben Herr Rechtsanwalt sagte. (...)«

(22. Oktober)
»(...) Beten Sie, bitte, etwas Besonderes [sic] zum heiligen Joseph für den 29. und 30. X. (...)«

(23. Oktober)
»(...) Ich würde Ihnen sehr dankbar sein, wenn Sie den Termin (29., 30.X.) an P. Sadoc Szabo, Marienberg bei Bregenz, mitteilten. Ich glaube, dass er in Marienberg ist [... unleserliches Wort] bin nicht sicher.«

Der nächste Brief ist datiert auf den 7. November – Kein Wort über das erlassene Urteil selbst, nur dies dazu.

»(…) Wir wollen dem lieben Gott auch danken für alles. Sein heiligster Wille sei angebetet. Beten wir für alle, die vielleicht etwas gegen uns haben. (…) PS. Ein Brieflein an meine Schwester liegt bei. Bitte nur absenden, nachdem Sie ihn gelesen und glauben, dass es so geht. Ich weiß nicht, wie weit sonst meine Schwester [Johanna] unterrichtet ist.«

(15)

P. Laurentius in seiner Autobiografie über die Gerichtsverhandlung 1935.
Konventsarchiv, Ordner DS, Autobiografie (Manuskript), S. 299.

»(…) Nicht nur eigenartig, sondern geradezu drollig und dabei ungemein ergreifend war das Verhalten unseres guten P. Titus. Während ich die Begrüßung durch die Staatsanwaltschaft mit einer sehr zurückhaltenden formellen Verbeugung erwiderte, lächelte P. Titus seine Gegner an, als wenn sie seine besten Freunde wären. Er war einfach nicht in der Lage anzunehmen, dass die Herren weniger arglos sein könnten als er. Bei der Verhandlung passte er kaum auf. Immer wieder zog er den Rosenkranz aus der Tasche und betete ihn während der Verhandlung. Als die Staatsanwälte ihre Plädoyers hielten und gerade gegen ihn ihre Anklage erhoben, betete er ebenfalls den Rosenkranz, und zwar, wie er mir sagte, für die Staatsanwälte. Vom Zuschauerraum her kam zuweilen eine kleine Stärkung für uns in Form von Pfefferminztabletten und Schokolade. P. Titus nahm alles mit leuchtenden Augen an und freute sich wie ein Kind, dass er Menschen um sich wusste, die ihm gut waren. Ohne auf die Verhandlung weiter zu achten, genoss er die Schokolade, und wenn er plötzlich vom Richter aufgerufen wurde, gab er etwas zerstreut die Antwort und machte, die Schokoladentafel in der Hand, entsprechende Gesten.

P. Titus machte es mir nicht gerade leicht, uns gut zu verteidigen. Wenn der Richter, der offensichtlich darauf ausging, einen Grund zur Strafe zu finden, die Fragen verfänglich stellte, so fiel P. Titus regelmäßig darauf herein. Er konnte es sich einfach nicht vorstellen, dass ein Mensch heimtückisch sein könnte. Darum entstand für mich die Pflicht, während der Vernehmung von P. Titus öfter einzuspringen und seine Antworten zu korrigieren. Einmal wurde der Richter ungemein zornig und erklärte mir, ich sei nicht gefragt, sondern P. Titus. Worauf ich antwortete, dass zwar P. Titus gefragt sei, es dabei aber auch um mich und um den Orden ginge und ich nicht zulassen könnte, dass der gute P. Horten, der ohne Arg sei, auf absichtlich verfängliche Fragen unabsichtlich falsche Antworten gäbe. Die Verhandlung zog sich über fünf oder sechs Tage hin, allerdings mit Pausen. Dann kam der letzte Tag mit dem Urteilsspruch. Nun hatte P. Titus zu der Anklage, wir hätten Devisenerschleichung versucht, eine völlig falsche Erklärung abgegeben. Ich selbst wusste von der ganzen Angelegenheit überhaupt nichts mehr. P. Titus hatte die Sache so dargestellt, als wenn ich von Köln aus ihm geschrieben hätte, er möchte ein solches Gesuch aufstellen und mir zur Unterschrift nach Köln schicken. Ich hätte es dann in Köln unterschrieben und ihm nach Vechta zurückgeschickt. Dann hätte er es pflichtgemäß eingereicht. Mein Bemühen, P. Titus klarzumachen, die Sache sei zweifellos anders gewesen, weil ich nichts mehr davon wüsste, blieb ergebnislos. Auch vor Gericht suchte ich darzustellen, dass wahrscheinlich weder P. Titus noch ich das

Gesuch gemacht hätten. Nach meiner Meinung müssten es die Schwestern getan haben. Aber mir wurde nicht geglaubt. Vor dem Urteilsspruch verlangte ich noch einmal die Vernehmung von P. Titus in dieser Sache. Er blieb bei seiner Aussage, weil er in der Vorstellung lebte, dass sie durchaus der Wahrheit entspräche. Mir kam es vor, als wenn sein Rechtsanwalt[101] ihn in dieser Vorstellung bestärkt hätte. Wenn P. Titus ausgesagt hätte, wie die Angelegenheit wirklich sich verhielt und wie sie auch später durch die Schwestern, die das Gesuch aufgestellt hatten, klargestellt wurde, so wäre ich nach dem ersten Urteilsspruch aus dem Gefängnis entlassen worden. Dann hätte die Untersuchungshaft genügt als Strafe für die anderen als Vergehen bezeichneten Handlungen. Nun erhielten wir jeder für die sogenannte Devisenerschleichung 1 1/2 Jahre Gefängnis, allerdings mit der Reduzierung aller Strafen, und zwar bei P. Titus Horten auf 2 Jahre Gefängnis[102], bei mir auf 1 1/4 Jahr Gefängnis. Die Staatsanwälte hatten für P. Titus 3 Jahre Zuchthaus beantragt, für mich 2 1/2 Jahre Gefängnis. Rührend war es, als wir beide ins Gefängnis zurückgebracht worden waren und P. Titus sich kindlich freute, nicht Zuchthaus bekommen zu haben. Die Gefängnisstrafe würde er schon überstehen. Ich machte ihm, allerdings in liebenswürdiger Form, den Vorwurf, dass ich wegen seiner falschen Aussagen jetzt noch sieben Monate würde im Gefängnis bleiben müssen; sonst hätten wir nach Hause fahren können. Da legte P. Titus seine beiden großen Hände auf meine Schultern, strahlte mich an und rief lachend: „Dann bleiben wir beide doch wenigstens zusammen." Trotz meiner

101 Vermutlich Dr. Schauenburg.
102 Die Zeitangaben von P. Laurentius sind in sich unstimmig.

Not habe ich nach diesem kindlichen Ausspruch gelacht, wie ich selten in meinem Leben gelacht habe. Wie einfach und selbstverständlich dachte doch P. Titus.«

(16)

Sr. Maria Natalia[103] in einem Brief vom 6. Februar 1936 an die Schwestern in Ilanz, Konventsarchiv, Ordner B.

»Vechta, den 6. Februar 1936

Liebe Mütter und liebe Schwestern!

Nun will ich versuchen, meine Erlebnisse der letzten Wochen zu erzählen. Ob Sie schon wissen, dass ich am 4. Januar, dem Namenstag von R.P. Titus, im Gefängnis war? A.R.P. Prior wollte ihm an diesem Tage eine besondere Freude machen. Gott sei Dank erhielten wir beide die Genehmigung zu einem kurzen Besuch. Es war dies für mich das erste Wiedersehen seit der Verhaftung am 8. Mai, und der Eindruck war ein recht schmerzlicher. (...) Er hatte sehr gealtert und kam mir gebrochen vor. (...) Am Sonntag, dem 12. Januar, schrieb er seine letzten Zeilen an uns. (...) Er schrieb uns nur, dass sein Herz sehr klapprig sei, ich dürfte aber keinen Gebrauch davon machen. Nach einigen Tagen hörten wir von A.R.P. Prior, dass er ins Hospital überführt sei. (...) Am Dienstag, dem 14. Januar, versuchten dann der R.P. Willigis[104] und P. Prior, zu ihm zu kommen, was auch gelang. (...) Die wenigen Stunden, die ich [am 8. Januar und am 24.Januar] an seinem Krankenlager weilen durfte, ließen mich einen tiefen Einblick in all das Bittere und Schwere tun, was er durchkosten musste

103 Die Priorin Sr. Natalia Bedbur.

104 P. Willigis Erren OP, der der Stellvertreter des Provinzials war.

und mit solchem Heroismus über sich ergehen ließ. Also am Freitagmorgen, den 24. Januar, läutete der hochwürdige Gefängnisgeistliche[105] bei uns an, dass es um Pater Titus bedenklich stehe und Pater Prior gleich kommen möchte. Ich bat, mitfahren zu dürfen. Leider erhielt ich aber in Oldenburg keine Genehmigung zu einem Besuch. Auf jeden Fall nahm man mich mit bis vor das Krankenzimmer. (...) Ich weiß nun selber nicht, wie es kam, auf einmal war auch ich im Krankenzimmer. Meinen Eindruck kann ich unmöglich schildern. P. Titus lag da wie eine Jammergestalt mit geschlossenen Augen und röchelte nur noch. Nach einer Weile kannte er auch mich und bestellte sofort Grüße an Mutter Generaloberin und alle Schwestern (...) Er war recht elend, sein Hals und sein Mund waren ganz ausgedorrt, trinken durfte er nicht viel. (...) Er war so elend, dass er nicht einmal die Nase putzen konnte. Nun musste der Arme so stundenlang ohne Hilfe daliegen; denn die Schwester, die ja wirklich tat, was sie konnte, kam nicht durch. So musste er buchstäblich verhungern und verdursten; denn es war niemand da, der ihm ein wenig reichte. Wir betteten ihn, so gut es in dem viel zu kleinen Bette ging. Er war für jede Kleinigkeit rührend dankbar, ich hatte nur immer den einen Gedanken: *„Pater Titus ist vor dem lieben Gott wirklich ein Kind.“* So einfach, natürlich, unbefangen, kindlich demütig, bescheiden, zart, geduldig zufrieden in dieser nach meinen Begriffen schrecklichen Situation ist mir noch kein Mensch vorgekommen. So war ich allein bei dem Kranken bis [mittags] 1 Uhr. Dann musste ich gehen. Ich schied mit dem Versprechen, sobald als möglich wieder zu ihm zu kommen. Wenn die Haftentlassung zustande gekommen

105 Vikar Grafenhorst.

wäre, hätten wir ihn in ein anderes Zimmer bringen lassen, denn er war in der Abteilung für Gefangene, mit vergitterten Fenstern, Türe ohne Klinke, von innen und außen zwei schwere Riegel. In dem Durchgangszimmer lag auch ein junger Mensch von 20 Jahren, der mich mit großen Augen verfolgte. In einem dritten Gefängniszimmer einer, der immer weinte. Dieses Zimmer war aber stark verriegelt. Wie schwer muss P. Titus unter dieser Umgebung gelitten haben. Mir war es da so schrecklich unheimlich. Auch sein Zimmer war noch so, kein Bild und kein Kreuz, wirklich deprimierend. (...) Inzwischen [in der Mittagszeit des 24. Januar] fuhr P. Otto [Lula] nach Vechta und holte die Patres: P. Supprior, P. Rektor[106], P. Polycarp [Siemer] und P. Justinus [Kühl]. Vom Hospital berichtete man, dass man den Kranken als aus der Haft [entlassen] betrachten dürfe. So durften wir alle zu ihm. Der Anblick der vielen bekannten Gesichter schien den teuren Kranken ganz zu beleben und seine Freude war groß, doch der Leidenskelch war noch nicht zu Ende. Bald kam der neue Bericht, die Haft sei nicht aufgehoben und wir alle mussten unverzüglich das Zimmer verlassen. Doch die gute Schwester [die Diakonissin des Hospitals] ließ mich noch bei ihm; denn sie war froh, den Kranken versorgt zu wissen. (...) Ich durfte von 4 bis 8 Uhr [nachmittags] bei ihm bleiben, dann kam die Nachtschwester [die katholische Clemensschwester vom Pius-Hospital] mit dem strengen Befehl, dass ich jetzt das Zimmer verlassen müsste. Der Gefangenengeistliche[107] besuchte den Kranken sehr oft, er war dreimal dort, solange ich bei ihm war. (...) Gegen 6 Uhr holte man den Kranken ins Röntgenzimmer, und die

106 P. Reginald Weingärtner OP und P. Placidus Wehbrink OP.
107 Vikar Grafenhorst.

Krankenschwester konnte es auch nicht fassen, wie man einen so Schwerkranken noch transportieren will. Total erschöpft kam er nach einiger Zeit zurück, aber kein Wort der Klage kam über seine Lippen, im Gegenteil, er flehte mich an: Beten Sie doch, dass ich geduldig bleibe, dass ich standhaft bleibe, dass ich ausharre – ich kann so wenig denken, meinte er. (...) Etwas vergaß ich noch. P. Prior frug ihn, worauf er denn Appetit habe. Dann besann er sich und meinte etwas Großes, Rundes. (...) P. Prior fiel dann Ananas ein und das war es; wenn es nicht unbescheiden sei, würde er darum bitten[108]. Dies hörte die Krankenschwester und war ganz gerührt. Sie wiederholte den Satz: „Wenn es nicht unbescheiden sei." (...) Am Samstag, dem 25. Januar, [also] an seinem Sterbetag, erwartete er uns von Stunde zu Stunde. Allein, P. Prior bekam keine Erlaubnis. (...) Das waren wohl bittere Enttäuschungen für den armen Kranken. Doch die Freude, in ein anderes schönes, großes, sonniges Zimmer zu kommen, sollte er noch erleben [dürfen]. Die Schwestern [die Diakonissen] erzählten, wie er dafür gedankt habe, ganz rührend. (...) Dann [am Sonntagmorgen, dem 26. Januar] fuhren wir gleich nach Oldenburg, um die Überführung der Leiche zu bewerkstelligen. Doch alle Büros waren geschlossen. Die Leiche lag in einem schönen, großen Zimmer mit zwei Fenstern in der Ordenstracht so friedlich da, dass man ihn hätte fast beneiden können. Die Clemensschwester [Nachtschwester vom Pius-Hospital] erzählte uns, dass er immer „Gelobt sei Jesus Christus" gebetet habe und ganz ohne Todeskampf hinübergegangen sei. (...)

---

108 Die Ananas besorgen dann die Schwestern des Hospitals. Nach der Zeugenaussage von Sr. Benvenuta Fischermann OP, Kapitel 5 (4), aber die Schwestern in Vechta – als ob sie sich darüber stritten, wer denn die Wohltat dem P. Titus hätte erweisen dürfen.

P. Prior hatte den Gefängnisgeistlichen gebeten, seine Eindrücke uns niederzuschreiben. Dieser geistliche Herr hat auf mich einen tiefen Eindruck gemacht. Er hat dann am Sonntag den Gefangenen, unter denen auch R.P Provinzial war, eine Predigt über P. Titus gehalten und soll unter anderem gesagt haben, dass er nie in seinem Leben einem heiligeren Menschen begegnet sei als P. Titus. (...)« *(Es folgt dann noch der Bericht über die Beerdigung am Donnerstag, den 30. Januar, und der über die Berufungsverhandlung am Nachmittag und Abend des gleichen Tages.)*

(17)

Aus der Kollegschronik, Band 2, 555ff..

Wie gesagt, diese Chronik wurde von Schülern geschrieben. Der Bericht bringt nicht viel Neues gegenüber den anderen hier gesammelten Texten; aber interessant ist er trotzdem wegen des Zusammenhangs, in den die Schüler ihren Bericht stellen. Da weicht er stark von dem Ton ab, in dem die Schwestern ihr Miterleben wiedergeben.

»Seine letzte Ehre.

Schon in aller Frühe wurde die sterbliche Hülle unseres lieben Pater Titus zur Pfarrkirche überführt und dort aufgebahrt. Friedlich und ruhig, wie in den letzten Tagen, wo wir ihn sahen, lag er auch jetzt noch, weder entstellt noch eingefallen. Umgeben war der Sarg mit einer Ehrenwache der St. Georgs-Ritter. Gegen 10 Uhr zogen die Fahnenabordnungen in die Kirche ein. Immer voller wurde das Gotteshaus und kaum war noch ein Platz frei, als der Chor auf der Orgelbühne in getragenen Tönen sang: „Requiem aeternam dona eis, Domine..." Schlicht und einfach war das Amt, wie es dem Sinne des Ordens und des lieben Verstorbenen entspricht. Der hochwürdige Offizial [Vorwerk] sprach die Absolutio ad tumbam[109]. Nachdem der hochwürdige Herr Pfarrer [Hermes von St. Georg] die Ordnung des Leichenzuges bekannt gegeben hatte, setzten sich die Teilnehmer in Bewegung. An der Spitze wurde das Kreuz getragen und ihm folgten alle Fahnenabordnungen. Es schlossen sich die Männer an und darauf die Ordensschüler. Je zwei und zwei trugen wir einen von den Kränzen, die zahlreich gespendet worden waren. Das Blasorchester unserer Schule zog vor der Weltgeistlichkeit, worunter sich der hochwürdige Offizial und mehrere Prälaten befanden, denen der Sarg folgte. P. Willigis [Erren], der Provinzialvikar[110], leitete die Beerdigung. Es assistierten der hochwürdige P. Prior [Otmar Decker] und Pater Norbert [Grossgart]. Dem Sarge folgten die Angehörigen und die Patres, Brüder[111] und Schwestern. Den Abschluss bildeten die Frauen der Gemeinde. Nach dem Ritus des Ordens wurden die Zeremonien der Bestattung vorgenommen. Dazwischen spielte das Orchester. Während die Angehörigen Sand ins Grab warfen, sang unser gemischter Chor das „Sanctus“ von Schubert. So glichen der Leichenzug und die Beerdigung mehr einem Triumphzuge als einer Trauerfeier.

Pater Titus ist nun unter der Erde, und vielleicht müssen wir noch lange warten, bis wir ihn wiedersehen. RIP

(Es folgt nun auf den Seiten 557-560 der Chronik der Bericht über die Freisprechung des P. Provinzials Laurentius Siemer OP; auf den Seiten 560-565 der über gewisse Schulgeschehnisse und

---

109 Gebete am Sarg.

110 Das ist der Stellvertreter des Provinzials P. Laurentius Siemer OP, der ja noch in Haft war.

111 Gemeint sind die Laienbrüder des Ordens.

dann auf Seite 565, also eigentlich im unmittelbaren Anschluss an die Berichte über den Tod des P. Titus und die Freisprechung des Provinzial, dies.)

Unser Reichskanzler und Führer hat diesen an sich gewöhnlichen Werktag[112] zu einem Feiertag der Nation gemacht. Durch sein machtvolles Eingreifen hat er das Rad der politischen Weltgeschichte in etwa aus dem Gleichgewicht gebracht. Daher sind wir Kollegsschüler stolz auf einen solchen Führer, und das mit Recht. Ein Locarnovertrag[113] war eine Unehre für uns. Aber am heutigen Tage ziehen mit klingendem Spiel die Reichswehrsoldaten wieder ein in die alten Garnisonstädte am Rhein. Wir jubeln ihnen zu.«

6. Medizinisches über die Krankheiten des P. Titus

Dieses Kapitel greift noch einmal zurück in die Zeit vor der Haft. Die Haltung, die P. Titus im Gefängnis bewies, war ihm schon längst vorher zueigen. Die hier gesammelten Quellen erzählen also von der langen Krankheitsgeschichte des P. Titus. Soweit das Archivmaterial es erlaubt, sind Diagnosen gesammelt, die im Laufe der Zeit über des P. Titus Krankheiten ärztlicherseits gemacht wurden. Die medizinischen Gutachten über die Ursache seines Todes beschließen dieses Kapitel. In ihm geht es

112 7. März 1935.
113 Konferenz von Locarno: 5.-16. Oktober 1925.

also vornehmlich um Medizinisch-Klinisches. Es dürfte aber einsichtig sein, dass die Trennungslinien zwischen den Kapiteln einfach von der Sache her nie ganz scharf zu ziehen sind. Andererseits mag es aber auch interessant sein, von Gleichem oder Ähnlichem unter verschiedenen Gesichtspunkten zu hören.

(1)

Aus einem Krankheitsbericht der Heilstätte Neuenkirchen i.O. vom 22. Juli 1920, Konventsarchiv, Mappe Biografisches (3), Nr. 2. Schon ganz zu Beginn seiner Vechtaer Zeit war P. Titus krank. Früher gesammelte Briefe des P. Timotheus erzählten auch schon davon.[114]

»(...) Bei Herrn P. Titus handelt es sich um eine leichte Erkrankung der rechten Lungenspitze (...), die, wie ich meine, tuberkulöser Natur ist. [Ich rate] ernsthaft und dringend, den Kranken aus der Arbeit zu nehmen. Derselbe bedarf dringend einer etwa zehnstündigen Nachtruhe, einer etwa zweistündigen Mittagsruhe und je einer einstündigen Liege im Freien vor- und nachmittags. Als Nahrungsmittel empfehle ich eine möglichst fettreiche Kost, mit besonders viel Milch und Butter. Weitere Verhaltensregeln habe ich dem Kranken persönlich mitgeteilt. Mit vorzüglicher Hochachtung Dr. [Name unleserlich]«

(2)

Aus Briefen von P. Timotheus an den Provinzvikar vom 20. August 1920, Konventsarchiv, Mappe Biografisches (3), Nr. 2.

---

114 S.o. Kapitel 1 und 2.

In den Briefen aus dem Jahr 1920 ist eigentlich ständig von der Sorgen machenden Gesundheit des Bruders die Rede. Timotheus möchte, dass sein Bruder in Davos eine Kur macht.
(Gleiches gilt für die Briefe aus dem Jahr 1921.)

»(...) Vor einigen Wochen teilten mir Hochwürden P. Praeses[115] und Hochwürden P. Prior[116] aus Vechta mit, dass P. Titus recht leidend sei, der Arzt eine Lungenaffektation festgestellt habe und eine Kur in Davos erforderlich sei. P. Titus schrieb mir vor einigen Tagen, er sei nochmals vor einigen Tagen beim Arzt in Neuenkirchen gewesen; dieser habe eine Besserung festgestellt und halte eine Kur nicht für erforderlich. (...) Der zweite Bescheid hat dann besonders wenig Wert, wenn P. Titus allein war. Er will auf jede Weise die Kur vermeiden und sogar im September sein Beichtexamen machen! Wie ich meinen Bruder kenne, versteht er nicht im Arbeiten Maß zu halten. Er war früher nie lungenleidend. (...) Selbst aus seinem letzten Briefe, in dem er versucht, die „Krankheitsgeschichte" als „erledigt" hinzustellen, zeigt sich – in Form und Stimmung –, wie elend er ist. Ich darf Sie deshalb herzlich bitten, die Krankheit nicht als „erledigt" zu betrachten. Ein Aufenthalt in Davos wäre sicher das Beste. (...)«

(3)
P. Timotheus an P. Titus (21. Dezember 1920), Konventsarchiv, Ordner P.
Noch weitere drei Einzelnotizen zum Thema „Krankheit".

115 P. Pius Keller OP.
116 P. Jakobus Höckesfeld OP.

»(...) Gott verlangt manchmal von uns das vielleicht schwerste Opfer, dass wir demütig unseren Oberen sagen: „Es ist zu viel; ich glaube, ich kann nicht weiter." Auch der Obere kann irren. (...) Deshalb bitte ich dich noch einmal recht herzlich und brüderlich: Tue nichts außer deiner Pflicht, z.B. Englisch- oder Französisch-Nachhilfeunterricht. Ja, studiere einstweilen nicht für das Examen[117]. Dein Zusammenbrechen im Sommer hat deutlich gezeigt, was Gottes Wille ist. Das Amt eines Subpräfekten ist ein äußerst schweres, wichtiges und verantwortungsvolles, weit mehr als der Unterricht. Wer mit der nötigen Umsicht, Klugheit, Geduld, Langmut, Festigkeit, Stetigkeit, Allgegenwart, die doch volles Vertrauen schenkt und alles „Polizeiliche" vermeidet, beständig Aufsicht führt, und zwar unter vollster Zuhilfenahme übernatürlicher Mittel, der hat wahrhaftig ein schweres Amt. Und du hast daneben noch viel Unterricht. Wann ist man auch nur einmal gut vorbereitet auf eine Klasse. (...)«

Unbekannter Verfasser (P. Ceslaus Brinkmann OP[118]) an P. Timotheus (18. Mai 1924).

»(...) Hoffentlich geht es P. Titus wieder erträglich und bessert sich sein Empfinden immer noch. (...)«

P. Pius Keller an P. Timotheus (20. Januar 1924), Konventsarchiv.

»(...) P. Titus geht es langsam immer besser. Er darf nur nicht übermütig werden und sollte noch einige Monate wirklich

---

117 Beichtexamen oder eher das geplante Staatsexamen.

118 Genaueres zu P. Ceslaus kann nicht mehr festgestellt werden, er hat vermutlich den Orden verlassen.

faulenzen. Ich bin immer bang, dass er sich nicht lange genug schont und in seiner Güte sich wieder zu viel zutraut. (...)«

P. Titus an P. Timotheus (27. Mai 1925), Konventsarchiv.

»Lieber P. Timotheus! (...) [Hier folgt zunächst eine Nachricht über seine Ankunft in London.] Nach dem Lunchen fahre ich ins Kloster. Es geht mir sehr gut. Ich mache alles ganz gemütlich ab und ruhe gut aus. (...)«

(4)
Zeugenbericht der Sr. Sadoca Böhmann OP im Seligsprechungsprozess, Konventsarchiv, Ordner B.
Ich sammle aus diesem Bericht alles, was die Krankheiten des P. Titus betrifft.

»(...) (zum Jahr 1923) P. Titus kam dann acht Tage vor Pfingsten wieder in unser Haus ins Konvikt. (...) Er war sehr hager und machte auf mich den Eindruck eines kranken Paters. (...) Mitte Juni [1923] (...) bekam er die erste große Blutung. Er gestand, dass er schon acht Tage vorher immer mehrere Male etwas Blut gespuckt hatte, aber es verborgen gehalten hatte. Er hatte fast immer 39-40° Fieber (...) und machte auch immer frische Blutungen, sodass die Sache bedenklich wurde. (...) Es wurde ein Lungenarzt zur Untersuchung geholt, welcher die Sache sehr ernst nahm (...), weil er mit dem Herzen auch nicht gut dran war. (...) [Nun] tat ich, was ich konnte, und pflegte und sorgte für ihn. (...). [Er sagte mir später], er hätte sicher geglaubt, dass er jetzt auch sterben müsse, denn seine liebe Schwester[119],

119 Es handelt sich um die älteste Schwester des P. Titus, Helena, gestorben am 29. Dezember 1896, im Alter von 24 Jahren.

die auch Klosterfrau war, sei auch bei der ersten Blutung gestorben, sie war erst 24 Jahre alt. (...) Fünf bis sechs Wochen war ich Tag und Nacht bei ihm im Zimmer. (...) Er zelebrierte das erste Mal wieder am 3. August [1923][120], gerade am Todestag von seiner Mutter. Es [nämlich der Tod seiner Mutter] wurde ihm aber erst nach acht Tagen gesagt. (...) Es ging ihm täglich etwas besser in der guten Luft, sodass er Ende Dezember [1923] auch wieder kleine Arbeiten machen konnte (...).«

(1925)
Hier steht zunächst der Bericht vom Tod des P. Timotheus (1925).

»(...) Als 1926 der Prior[121] von Vechta nach Köln abberufen wurde, wählten ihn seine lieben Mitbrüder zum Prior. Er hatte gerade Fieber und war im Bett, als die Nachricht zu ihm kam. (...) Nur drei Wochen war er erst Prior, als er einen bösen Eiterfinger bekam. (...) Der Finger wurde schon hier in Vechta zweimal geschnitten und die Ärzte hatten Sorge ob der Hand. Da nahm Pater Rektor, P. Provinzial[122], ein Auto und brachte ihn nach Düsseldorf-Heerdt ins Krankenhaus. (...) Er war also, wie ich glaube, 5-6 Monate dort im Krankenhaus. Bekam zu all den vielen Schmerzen noch eine sehr große Herzschwäche und wurde auch versehen und stand, wie er mir später sagte, drei Wochen jeden Tag vor dem Tode. (...) Was der gute Pater damals gelitten und ausgehalten hat, das weiß nur er und der liebe Gott allein. So vergingen 6-7 Monate (...) Er wünschte, sein Priorat niederzulegen. Doch seine Mit-

120 Frau Sidonie Horten starb am 3. August 1923.
121 P. Pankratius Koch OP.
122 P. Petrus Louven OP.

brüder wollten davon nichts wissen (…)
Noch zu erwähnen ist, dass er, solange ich ihn kannte, jedes Frühjahr sehr stark am Heuschnupfen litt. (…) Zu dieser Zeit hatte er fast immer etwas Fieber und er litt sehr darunter. (…)«

Im Übrigen erzählt die Schwester von den endlosen Arbeitsbelastungen des P. Titus: Beichtstuhl, Aushilfen, Exerzitien, zahllose Vorträge und eben die Verlagsarbeit.

(5)
P. Willigis an den Socius Generalis[123] *über Krankheit des P. Titus am 23. Januar 1936, Fotokopie Konventsarchiv, Mappe „Quellen", Nr. 9.*

»Sehr verehrter Hochwürdiger P. Socius Mag. Gen.
(…) Dienstagmittag von der Visitation des Noviziates in Warburg heimgekehrt, höre ich hier von dem traurigen Zustand des P. Titus. Noch in derselben Stunde bin ich wieder weitergefahren nach Oldenburg, um nach dem lieben heiligmäßigen Mitbruder umzusehen: In Vechta meinte man, es ginge besser.
In der Frühe in Oldenburg angelangt, erhielt ich vom zukünftigen Richter der beiden [P. Provinzial und P. Titus] gern die Erlaubnis des Besuches bei den Gefangenen: P. Provinzial geht es gesundheitlich gut; auch ist er guter Hoffnung, es werde Mittwoch (29. oder 30. Jan.) für ihn die Erlösungsstunde schlagen. Im Allgemeinen bin ich selbst in diesen Erwartungen reservierter, wenn nicht pessimistisch. Aber in diesem Falle glaube ich doch an die Ver-

123 Als „Socius Magistri Generalis" wird der Vertreter des Ordensmeisters bezeichnet.

wirklichung der Hoffnung, wenn ich alles kombiniere, was ich in den letzen Zeiten beachten [beobachten] konnte.
Vom Provinzial, der im Gefängnis war, ging ich dann zu P. Titus. Der Richter hatte schon vor mehreren Tagen, als der Zustand sich verschlimmerte, die Überbringung in das Diakonissen-Krankenhaus (Protestantische Schwestern) verordnet. Dort liegt er in einem verschlossenen Zimmer, und man kann nur mit Erlaubnis des Richters hinkommen. Diese wird aber wohl nie verweigert bei diesem recht traurigen Fall. Die Schwestern sind äußerst besorgt und tun alles für den Kranken, was man nur wünschen kann. In diskreter Rücksicht auf den Kranken hat der Richter eigens gestattet, dass aus einem Kloster auch noch eine katholische Schwester herbeigezogen werden soll zur Mitpflege.
Ich fand P. Titus in äußerst schlechtem Zustand. Nur mit größter Anstrengung konnte er etwas Weniges sprechen, sodass ich mich nicht lange aufhielt, und mit der Furcht wegging, vielleicht ist das ein Abschied. Ich empfahl den Pater recht dringend ins Gebet. (Das Herz will nicht mehr.) (...)«

(6)
„Übersetzung" des Obduktionsberichtes, Abschrift des Originals im Konventsarchiv, Mappe „Quellen", Nr. 12, von Herrn Dr. Schimke, Vechta, Original im Konventsarchiv, Mappe „Quellen", Nr. 12.

»Verschleiß der Herzmuskulatur durch Verschleiß. Sehr starke Ausweitung sämtlicher Herzhöhlen (2 Herzkammern, 2 Herzvorhöfe). Wandständige Thromben in beiden Herzkammern, vor allem in der linken Herzkammer.

Zahlreiche große blutangereicherte Zerfallsareale beider Lungen (durch thrombotische Gefäßverschlüsse der Lungenarterien). Akute Überwässerung des Lungengewebes beiderseits. Beginnende fibrindurchsetzte Rippenfellentzündung links. Chronische Stauungsmilz mit beginnendem Umbau des Lebergewebes.
Stauungswasser in beiden Brusträumen. Älterer tuberkulöser Primärinfekt in beiden Lungen. Bindegewebige verhärtete Narbe nach Tuberkulose im rechten Lungenoberlappen mit beginnenden Rippenfellverwachsungen. Größerer Drüsenknoten im rechten Schilddrüsenlappen. Wässrige Aufquellung der gefäßführenden weichen Hirnhäute. Die übrigen Bauchorgane mit Ausnahme von Milz und Leber wurden aus äußeren Gründen nicht mehr seziert.«

Dr. Schimke verfasste auf Bitte des Herausgebers folgende Stellungnahme (ebd.).

»Bei P. Titus bestand seit längerer Zeit – sicher seit 2-3 Jahren – ein chronisches Versagen der Pumpfunktion des Herzens infolge einer geschwächten Herzmuskulatur. Für die längere Zeitspanne der bestehenden Herzschwäche sprechen die chronischen Stauungssymptome in Milz und Leber bis hin zu einer bindegewebigen Verdichtung und Vernarbung des Lebergewebes. Eine auslösende Ursache des chronischen Herzmuskelversagens (Bluthochdruck?; virale oder bakterielle Herzmuskelentzündung?; Verengung der Herzkranzgefäße im Sinne einer Coronarsklerose?) wurde nicht beschrieben.
Infolge der chronischen Herzmuskelschwäche kam es in beiden Herzkammern zur Bildung von wandständigen thrombotischen Ablagerungen.

Auf die beschriebenen organischen und funktionellen chronischen Schwachpunkte des Herzens haben sich zwei zum Tode führende Akutsituationen aufgepfropft:

1. Das akute Versagen der linken Herzkammer mit Überwässerung des Lungengewebes (akutes Lungenödem) und gleichzeitiger Stauungsergüsse in beiden Brusträumen.
2. Wiederholte Lungenembolien von Thromben aus der rechten Herzkammer mit großen Arealen des Lungengewebszerfalls (Nekrosen).

Beide Vorgänge können gleichrangig als Ursache für den Tod von P. Titus angesehen werden.«

Dr. Schimke fügte in Kenntnis um die Diskussion eines eventuellen Märtyrertodes von P. Titus hinzu.

»Die chronische Herzerkrankung bestand bei P. Titus bereits seit einigen Jahren vor der Inhaftierung. Sie ist die Grundlage für alle krankheitsverschlimmernden Umstände – letztlich bis zum Tod von P. Titus. Man muss davon ausgehen, dass die ungerechtfertigte Inhaftierung mit allen schrecklichen Nebenerscheinungen (Verhöre, Gerichtsverhandlungen) zu einer wesentlichen Verschlechterung der Herzleistung und damit auch zur Entwicklung der tödlichen Komplikationen geführt hat. Zweifel bestehen auch in Bezug auf eine zureichende ärztliche Versorgung während der Haftzeit. Wenn ein Gefängnisarzt aussagt, P. Titus sei als gesunder Mann ins Oldenburger Gefängnis aufgenommen worden, so wurde zumindest die vorbestehende chronische Herzschwäche nicht erkannt. Der Stand des medizinischen Wissens war zwischen 1930 und 1945 doch so weit fortgeschritten, dass mit den damals zur Verfügung stehenden diagnostischen und therapeutischen Methoden das Fortschreiten einer Herzschwäche erkannt und erfolgreich hätte behandelt werden können.«

7. Die Gestapo, ein Nachspiel

(1)

Kanzelaufruf des Pfarrers Hermes von St. Georg nach der Beerdigung von P. Titus, Konventsarchiv, Mappe Biografisches (1), Nr. 3; – vgl. auch: Pfarrarchiv St. Georg, Karton Nr.51.

Dieser Kanzelaufruf ist unter mehreren Gesichtspunkten interessant. M.E. laviert er ein wenig zwischen dem Willen, Widerstand zu zeigen, und dem, doch staatskonform zu sein. Außerdem sagt er natürlich etwas über die Wertschätzung aus, die P. Titus genoss.

»Von dieser Stelle aus hatten wir s.Zt. eingeladen zur Beteiligung am Begräbnis unseres langjährigen Beichtvaters und Seelsorgers P. Titus. Die Pfarrangehörigen sind dieser Einladung recht zahlreich gefolgt; wir danken ihnen dafür. Nun ist in letzter Zeit mehrfach der Vorwurf erhoben worden, als hätten die Teilnehmer an dieser Beerdigung durch ihre Teilnahme eine staatsfeindliche Haltung und Gesinnung gezeigt. Im Namen unserer Mitbrüder und im Namen unserer Pfarrangehörigen müssen wir von dieser Stelle aus mit allem Nachdruck Verwahrung einlegen gegen eine solche Auffassung.

Die Beerdigung dieses Priesters, der lange Jahre als Seelsorger in der Gemeinde wirkte, war eine reine kirchliche Angelegenheit ohne jeden politischen Einschlag.

Der Verstorbene genoss im ganzen Volke solche Hochachtung, dass keiner, der ihn kannte, ihn für einen Verbrecher hielt und es auch heute noch nicht tut.

Eine Entscheidung über die ihm zur Last gelegten Vergehen lag noch nicht vor, da das gefällte Urteil infolge der eingelegten Revision noch nicht rechtskräftig war. Im

Augenblick der Beerdigung war also P. Titus von keiner autoritativen und befugten Stelle als Verbrecher erklärt. Wer darum, ohne den Rechtsspruch abzuwarten, den Verstorbenen als ehrlosen Verbrecher bezeichnet, begeht damit eine unverantwortliche Schmähung.
Auch später ist diese Erklärung als Verbrecher von Seiten des Gerichts nicht erfolgt. Im Gegenteil: Am Tage darauf wurde der wegen ähnlicher Vergehen zu ähnlicher Strafe verurteilte P. Laurentius freigesprochen, und zwar, wie das Gericht ausdrücklich erklärte, wegen erwiesener Unschuld. Wir haben allen Grund anzunehmen, dass auch P. Titus, wenn er die Haft überstanden hätte, freigesprochen wäre.
Unter diesen Umständen P. Titus als Verbrecher zu bezeichnen, ist reine Willkür, ebenso die Bezeichnung der Begräbnis-Teilnehmer als Staatsfeinde.
An der Beerdigung von P. Titus zahlreich teilzunehmen, war für die Gemeinde Ehren- und Dankespflicht. Denn ungefähr zwei Jahrzehnte hatte der Verstorbene in gewissenhafter, vorbildlicher Weise in der Seelsorge gewirkt, und wohl jeder Teilnehmer war irgendwie dem Toten zu Dank verpflichtet. Diese Erfüllung einer selbstverständlichen Dankespflicht als staatsfeindliche Haltung zu bezeichnen, heißt die Grundlagen der menschlichen Beziehungen erschüttern, heißt die christliche Auffassung von Treue, Liebe und Gerechtigkeit untergraben.
Die Pfarrgeistlichen.«

Dieser Kanzelaufruf findet sich nur in der von Lehrer Georg Windhaus nach 1945 verfassten Chronik von St. Georg. (Fundort, s.o.) Lehrer Windhaus stellte den Aufruf in folgenden Zusammenhang.

»(…) Ein solches Leichenbegängnis – (…) Rechtsanwalt Dr. Schauenburg nannte es ein fürstliches – hatte Vechta noch nicht gesehen. Hier handelte es sich um eine spontane Volkskundgebung für einen Verurteilten, in dem das Volk einen Heiligen erblickte. Als am Morgen des Begräbnistages die Menschen von allen Seiten herbeiströmten – es waren auch manche Muss-PG [sic] darunter –, regten sich bei den Hitlerianern die Naziinstinkte. Zunächst will man feststellen, wer an der Beerdigung teilnimmt, dann will man es ihnen einträнken. Im Eisenbahnstellwerk beim Friedhof wird ein Fotograf postiert. Mehrere Aufnahmen vom Trauergefolge werden gemacht. Es zeigt sich dann, dass auch unsere Studienräte und Volksschullehrer dem P. Horten die Ehre erwiesen haben. Bald schon kommt Pauly, der oldenburgische Minister der Kirchen und Schulen, nach Vechta, um die ihm unterstellten Lehrpersonen zurechtzustauchen. Das allein zeigt schon die ganze Tendenz des Prozesses. Pauly ist nämlich nicht irgendeiner, sondern er war, bevor er Minister wurde, Landgerichtsrat in Oldenburg. Somit wusste er erstlich, dass das Urteil erster Instanz niemals Rechtskraft erlangt hatte. Dann wusste er zweifellos weiter, dass inzwischen P. Laurentius auf Grund neuen Entlastungsmaterials wegen erwiesener Unschuld freigesprochen worden war. Dieses neue Entlastungsmaterial entlastete auch P. Titus. Hätte er also einige Tage länger gelebt gehabt, würde er ebenso wie sein Mitbruder wegen erwiesener Unschuld freigesprochen worden sein. Aber die Herren Nazis kümmerte das Recht keinen Deut. Bei ihnen galt die Devise: Recht oder Unrecht – unser Ziel! Und sie hatten die Macht. (…)«

(2)
Aus den Akten der Generalstaatsanwaltschaft beim Landgericht Berlin, Sonderstaatsanwaltschaft. Bundesarchiv, Zwischenarchiv Dahlwitz – Hoppegarten. Notiz vom SD des SS-Oberabschnittes Nordwest vom 12. Oktober 1936; freundlicherweise überließ mir Rainer Groothuis die entsprechende Fotokopie. Fotokopie Konventsarchiv, Mappe „Quellen", Nr. 7.

»Betr. Heiligsprechung eines Devisenschiebers
Anliegend wird ein Bettelbrief der Mission der Dominikaner, Vechta, nebst Anlage überreicht.
Wie dem Bettelbrief zu entnehmen ist, sind kirchlicherseits Bestrebungen im Gange, den wegen Devisenschiebung verurteilten Pater Titus Horten heilig zu sprechen. Man hofft, „in ihm bald einen Heiligen unserer Zeit verehren" zu dürfen. Auch sollen schon viele „ganz wunderbare Gebetserhörungen und Krankenheilungen" vorgekommen sein.
Hierzu ist Folgendes zu bemerken:
Dr. Franz Horten, genannt Pater Titus, ist am 9.8.1882 als Sohn des Reichsgerichtsrats Anton Hubert Horten in Elberfeld geboren. Titus Horten war Mitglied des „heiligen Ordens der Predigerbrüder", der auch unter dem Namen „Dominikaner-Orden" bekannt ist. Seit 1925 war Horten Generalprokurator für die China-Mission und gleichzeitig Prior des St. Joseph´s Konvents der Dominikaner-Niederlassung in Vechta und Direktor des von ihm gegründeten Albert-Magnus-Verlages.
Am 11.4.1935 wurde Horten wegen Verdachts der Devisenschiebung verhaftet und ins Untersuchungsgefängnis Oldenburg eingeliefert. Es wurde ihm zur Last gelegt, sich durch wissentlich unrichtige und unvollständige Angaben bei den Devisenstellen Transfergenehmigungen erschlichen

zu haben. Die Erschleichung der Transfergenehmigungen wurde ihm erleichtert durch sein hohes geistliches Amt, das er bei dem Orden innehatte. Die Devisenstellen hegten in Anbetracht des geistlichen Standes und seines hohen Amtes innerhalb des Ordens kein Misstrauen, und so konnte er sein volksschädliches Verhalten mit Erfolg auf die Erwartung gründen, dass man seine Rechtschaffenheit und Ehrlichkeit nicht in Zweifel ziehen würde. So ist es auch zu erklären, dass die Devisenstellen sich mit untergeordneten Urkunden als Unterlagen begnügten.
Seitens der Staatsanwaltschaft wurde nunmehr Anklage wegen Devisenvergehens erhoben.
Nach viertägiger Verhandlung verurteilte das gemeinsame Schöffengericht für den Landesteil Oldenburg in der Sitzung am 4.11.1935 Horten wegen Devisenvergehens zu einer Gefängnisstrafe von 2 Jahren und insgesamt RM 70.000.- Geldstrafe.
Ferner wurde die Einziehung von insgesamt RM 55.000.- angeordnet und die Mithaftung des Ordens ausgesprochen.
Gegen das obige Urteil wurde sowohl seitens der Staatsanwaltschaft wie auch seitens des Verurteilten Berufung eingelegt.
Die Berufungsverhandlung gegen Horten konnte jedoch nicht durchgeführt werden, da Horten am 27.1.1936 im Untersuchungsgefängnis gestorben ist.
Zur Todesursache teilte der Vertreter der Staatsanwaltschaft in einer persönlichen Rücksprache mit, dass Horten wegen eines Herzleidens ins Gefängnislazarett eingeliefert wurde. Die Verteidigung stellte nunmehr einen Antrag auf Haftentlassung und Überführung in ein Krankenhaus. Die Staatsanwaltschaft forderte ein diesbezügliches Gutachten vom Gefängnisarzt, der eine Überfüh-

rung nicht für erforderlich hielt. 2 Tage darauf verstarb Horten.
Das Urteil gegen Horten hat also seine Rechtskraft wegen der eingelegten Berufung nicht erlangt.
Die Tatsache, dass nunmehr kirchlicherseits Bestrebungen im Gange sind, in Horten „bald einen Heiligen unserer Zeit verehren zu dürfen", ist bezeichnend für die kirchliche Einstellung zu den Devisenvergehen der Ordensangehörigen überhaupt. In einem anderen Falle konnte festgestellt werden, dass eine Ordensangehörige, die wegen Devisenvergehens bestraft worden ist, nach Verbüßung ihrer Gefängnisstrafe wieder ins Kloster aufgenommen und dort mit der Ausbildung von Novizen beauftragt wurde.
Dies steht in krassem Widerspruch zu den Verlautbarungen der Bischöfe, die in der Öffentlichkeit erklärt haben, dass nach Abschluss der weltlichen Verfahren gegen Devisenschieber nochmals kirchlicherseits vorgegangen würde.
Wenn es in der dem Bettelbrief beigefügten Lebensgeschichte des Horten heißt: „So hat Pater Titus sich aufgezehrt im Dienste Gottes und des Nächsten. Die letzte Läuterung brachten ihm die letzten zehn Monate seines Lebens, in denen er nach Außen hin nicht mehr tätig sein, sondern still dulden und opfern konnte für die Ideale, denen sein ganzes Leben gegolten", so ist hier der Versuch, einen Märtyrer zu schaffen, nicht zu verkennen. Ferner scheint das Ansehen des Staates geschädigt insofern, als dieser ja Horten ins Gefängnis brachte und ihn dort zum „stillen Dulden und Opfern" zwang. Ob der Bettelbrief ins Ausland verschickt worden ist, konnte nicht festgestellt werden.
Weiter versucht man, mit einem Druck auf die Gemüter

der Gläubigen deren Herzen und damit Geldbeutel für Missionsspenden zu öffnen.

Gleichzeitig mit Horten wurde der ehemalige Provinzial der Dominikaner, Pater Stuhlweissenburg, und der damalige Provinzial Pater Siemer wegen des gleichen Vergehens verhaftet.

Das Urteil des Schöffengerichts Oldenburg lautete für Pater Siemer auf ein Jahr und drei Monate Gefängnis und RM 53.000 Geldstrafe.

Auch gegen dieses Urteil wurde seitens des Verurteilten und seitens der Staatsanwaltschaft Berufung eingelegt.

In der Verhandlung vor der Berufungsinstanz der großen Strafkammer des Landgerichts Oldenburg am 29. Januar 1936 wurde die Berufung der Staatsanwaltschaft verworfen und das Urteil, soweit es den Angeklagten Siemer betraf, aufgehoben. Siemer wurde somit freigesprochen.

Gegen diesen Freispruch wurde nunmehr seitens der Devisenstelle Bremen Revision beim Oberlandesgericht beantragt. In der Sitzung des 1. Strafsenats des Oberlandesgerichts am 21.12.1936 wurde die Revision als unbegründet zurückgewiesen.

In einer persönlichen Rücksprache mit dem Vertreter der Staatsanwaltschaft, Dr. Klempahn, am 6.10.37 bemerkte dieser, dass das Urteil der großen Strafkammer zweifellos ein Fehlurteil sei und dass die Devisenvergehen erwiesen seien.

Der Vorsitzende, die Beisitzer und Schöffen[124], die an der Sitzung teilgenommen haben, sind dem Vertreter der Staatsanwaltschaft zwar nicht näher bekannt, jedoch waren sowohl Dr. Klempahn wie auch Gerichtsassessor Wiedemann, der gleichfalls an der Sitzung teilnahm, von

124 Vgl. im Einzelnen dazu Anna Maria Zumholz, a.a.O., 297ff..

vorneherein davon überzeugt, dass das Gericht den Angeklagten freisprechen würde, obwohl dieser, rein sachlich gesehen, unbedingt wegen Devisenvergehens zu bestrafen sei.
Die Möglichkeit, dass die Richter starke kirchliche Bindungen haben und somit als befangen zu gelten haben, ist zweifellos gegeben. [Das Nachfolgende ist in der Fotokopie durchgestrichen.] Der zuständige Oberabschnitt ist mit entsprechenden Ermittlungen beauftragt. Es wird daher vorgeschlagen, nach Abschluss der Ermittlungen des Oberabschnitts das Verfahren gegen P. Siemer erneut aufzurollen.
Hinsichtlich des Paters Stuhlweissenburg ist zu bemerken, dass dieser bereits vor der ersten Verhandlung Selbstmord verübte und somit aus dem Verfahren ausschied.«

(3)
Reichspostminister an die Reichpostdirektion Oldenburg (22. Februar 1936).
Dieses Schreiben überließ mir die Gattin des Oberpostmeisters Peters.
Konventsarchiv, Mappe „Quellen“, Nr. 17.

»Der OPM Peters in Vechta hat Ende Januar d.J. an der Beerdigung eines nach seiner Verurteilung wegen Devisenschiebungen verstorbenen Dominikanerpaters in Vechta teilgenommen. [unleserliches Wort, wahrscheinlich: Durch] die Teilnahme an der Trauerfeier hat Peters sein Mitgefühl für den Verstorbenen trotz dessen Verbrechen gegen den nationalsozialistischen Staat öffentlich bekundet und sich in Gegensatz zur Gemeinschaft des deutschen Volkes gestellt, das Devisenschiebungen auf

das schärfste verurteilt. Er hat damit gegen die ihm nach § 10 RPG obliegenden Pflichten gröblichst verstoßen. Bei der Schwere der Verfehlungen wäre es durchaus gerechtfertigt, ihn aus dem Dienst der deutschen Reichspost zu entfernen. Wenn hiervon abgesehen wird, so geschieht es mit Rücksicht darauf, dass Peters bisher disziplinarisch noch nicht bestraft worden ist und ihm bewusst staatsfeindliche Gesinnung nicht unterstellt werden soll. Nach dem Vorkommnis ist es indes nicht möglich, ihn an seinem jetzigen Amtsort zu belassen. OPM Peters wird hiermit unter Mitverlegung seiner Planstelle in den Bezirk der RPD Stettin versetzt.
Im Auftrag
Gez. Nagel«

8. Kapitel: Der Fall „Feder":

(1)

In der Einleitung wurde der Zusammenhang erläutert, in den die nachfolgenden Quellen zu stellen sind.
Die Heilung des Herrn Feder aus der Sicht der Stieftochter Frau von Döllen; Brief an P. Walbert Weber OP vom 10. Dezember 1992, Konventsarchiv, Mappe Juristisches 2, Nr. 3.
Mit diesem Brief begann gewissermaßen der 2. Teil des Seligsprechungsprozesses von P. Titus. Er war der Grund dafür, dass der sogenannte „Wunderprozess" in der Sache des Dieners Gottes, Titus Horten, von den Dominikanern der deutschen Ordensprovinz Teutonia angestrebt wurde.

»Verehrter P. Walbert!
Vor kurzem hatte ich Ihnen schon einmal von dem Wunder an meinem Stiefvater erzählt, welches wir P. Titus zuschreiben. Da Sie die Formalitäten der Seligsprechung von P. Titus in die Hand genommen haben, möchte ich Ihnen einmal schriftlich darlegen, wie krank mein Stiefvater war und dass auch drei Ärzte gesagt haben, dass hier ein Wunder geschehen ist.
Meine Mutter war mit 22 Jahren schon Witwe. (Mein Vater ist an einem zu großen Herzen gestorben.) Da mein Stiefvater ein Freund meines Vaters war, hat er sich rührend um uns gekümmert und meine Mutter dann auch geheiratet.
Als mein Stiefvater am 26. Januar 1992 einen schweren Schlaganfall mit Gehirnbluten erlitt und die Ärzte uns überhaupt keine Hoffnung gaben, da schien für uns eine Welt unterzugehen. Wir waren, wenn nicht gerade im Krankenhaus, bei P. Titus am Grab und haben Kerzen angezündet, gebetet und geweint. Jedes Mal, wenn ich wieder ging, hatte ich das Gefühl der Ruhe, und irgendwie fühlte ich mich sicher, dass alles wieder gut wird.
Meine Mutter hat von jedem Tag seiner Krankheit Tagebuch geführt, denn wir haben Pater Titus versprochen, falls er gesunden sollte (egal wie, Hauptsache, er bleibt bei uns), wir alles aus unserer Sicht Mögliche für die Seligsprechung von P. Titus beitragen werden. Denn wir wissen, dass P. Titus bei uns war und das Wunder hat wahr werden lassen.
Am 26. Januar 1992 Schlaganfall. Sofort ins Krankenhaus. Der Zustand hat sich in der Nacht verschlechtert. Gehirnbluten (sehr stark). Am Montagmorgen sagte die Oberärztin, wir sollten ihn noch schnell versehen lassen, und falls er es noch schafft, käme er nach Osnabrück in die Para-

celsus-Klinik. Zustand sehr ernst, kaum Hoffnung. Ich bin fast jeden Tag bei Pater Titus gewesen, habe gebetet und geweint. Er möge ihn uns wiedergeben. Jeden Tag Kerzen angesteckt zu Hause und in der Kirche. Und jedes Mal, wenn ich von Pater Titus kam, hatte ich einfach das Gefühl (Ihr könnt ruhig werden, wir bekommen ihn wieder).
Am Dienstag dann Notoperation. 1/6 vom Gehirn war auf dem CT-Bild schwarz (Blut). Zustand weiterhin sehr schlecht.
Arzt meint: Es ist viel zerstört, es wäre besser, wenn er einschliefe. Es könnte jede Minute oder Sekunde vorbei sein. Es war eine fürchterliche Zeit. (Die Angst, wenn das Telefon ging.) Wir haben nicht aufgegeben. Immer waren wir bei P. Titus und der Mutter Gottes, haben gebetet und Kerzen angesteckt. Dann am 12.2., nach einer CT-Untersuchung, sagt uns Dr. Belinsky in Osnabrück, am Kopf wäre viel bei der OP kaputt gegangen, aber trotzdem gut verheilt. Seine Arbeit wäre dort beendet. Da sein Zustand nach wie vor sehr ernst war und er noch im Koma lag, wurde er dann am 13.2.1992 mit einem Hubschrauber nach Vechta verlegt. Aber da war die Hoffnung gleich Null. Jeden Tag hohes Fieber, 40 Grad. Am 16.2. den ganzen Tag marmoriert und eine schwere Lungenentzündung. Zustand immer noch unverändert ernst.

Am 20.2., da nichts mehr ging, noch Luftröhrenschnitt. Während der ganzen Zeit noch schwere Herzrhythmusstörungen. Die Ärzte standen immer wieder vor einem Rätsel, wieso der Mann noch lebt.

22.2.92 Das erste Mal Augen kurz auf.

23.2.92 Augen auf und kein Fieber.

28.2.92 3/4 Stunde Augen auf und an der rechten Hand einen Finger bewegt. (Bei uns kam Hoffnung auf.)

2.3.92 Augen auf und reagierte auf meine Fragen mit Schließen der Augen.

3.3. Hand bewegt und Augen auf. (Konnte nicht sprechen wegen des Luftröhrenschnitts.)

4.3. Augen auf, Hand und auch zum ersten Mal das rechte Bein bewegt. (Wir waren überglücklich.) Auch die Ärzte waren stolz.

9.3. verlegt auf die Station.
Und wieder eine Woche lang Fieber (deprimierend). Er war sehr unruhig. Aber ich war fast täglich bei Pater Titus, wo ich mir immer wieder Mut holte. Ich bin unserem Vater im Himmel dankbar, dass es unsere Gottesmutter und Pater Titus gibt.

Am 12.3. auch die linke Hand bewegt, und jetzt wussten wir, dass keine volle Lähmung bestand und dass er es schaffen würde, obwohl die Ärzte immer noch nicht davon überzeugt waren.

Am Dienstag, dem 17.3., wurden ihm die Kanäle vom Luftröhrenschnitt entfernt. Das Erste, was er sagte: „Gebt mir bitte Apfelmus." Dieses war dann seit langem der schönste Tag. Jetzt wussten wir, dass er Verstand hatte. Ab und zu brachte er noch etwas durcheinander, aber wir konnten uns schon gut unterhalten. Da sagte uns zum ersten Mal die Ärztin: „Wissen Sie überhaupt, dass hier ein Wunder geschehen ist?" Aber dann ging es aufwärts. So nach und nach bewegte er sämtliche Gliedmaßen. Die Ärzte waren so beeindruckt und so überrascht, dass sie ihn noch in ein Reha-Centrum nach Coppenbrügge überwiesen haben. Da er so unheimlich hilflos war, ist meine Mutter dorthin mitgegangen. Aber die beiden hatten von Anfang an Heimweh. Und auf Grund dessen hat mein Vater sich dann auch nicht dementsprechend gebessert. Am 1. Juli haben wir die beiden wieder geholt, und seitdem geht es meinem Stiefvater gut. Er ist geistig vollkommen gesund und körperlich auf dem besten Weg zu einem normalen Leben.

Ende Juli noch einmal ein kleiner Schlaganfall, welcher aber keine Auswirkungen hatte. Unser Vater kam sofort zu einem ganz guten Prof. Dr. Jost nach Damme, welcher ihn sofort in Sachen Tabletten einstellte. Prof. Dr. Jost war in der letzten Woche so gut mit ihm zufrieden und wunderte sich, dass er ganz allein durchs Sprechzimmer marschierte, so dass er erst in einem Vierteljahr zur Kontrolluntersuchung zu kommen braucht. Er geht jetzt alleine zur Toilette, kann sich, wenn er einen guten Tag hat, alleine anziehen.

Am 8.12.1992 hat er zum ersten Mal meiner Mutter eine Tasse Kaffee gekocht. Das war für mich Grund genug, jetzt endgültig diesen Bericht zu schreiben, von dem wir fest überzeugt sind, dass Pater Titus meinem Vater geholfen hat. Und dafür danken wir Pater Titus immer wieder.

Pater Walbert, für uns ist es ganz wichtig, dass dieser Brief für die Seligsprechung verwendet wird, denn wir haben es bei der Gesundung, welche ja eingetreten ist, Pater Titus versprochen, davon zu berichten. Denn auch in anderen

Anliegen hat Pater Titus uns noch nie allein gelassen. Mit freundlichen Grüßen, Gunda von Döllen«

(2)

Aus einem Gutachten von Dr. Schimke (Juli 1999) an Prof. de Rosa (Klinik des Vatikans), Konventsarchiv, Mappe „Juristisches" 1, Nr. 11.

»Zusammenfassung:
Herr Feder erlitt am 26.01.1992 unter dem Krankheitsbild eines Apoplexes mit Coma cerebri eine extrem große Einblutung in der rechten Hirnhemisphäre. Die Massenblutung drängte in wesentliche Anteile lebenswichtiger Hirnzentren vor, sie komprimierte die Ventrikel, verlagerte die Hirnmasse nach links und bildete sekundär ein perifokales Hirnödem (zellständige Überwässerung um den Blutungsherd) aus. Dadurch stieg der Hirndruck pathologisch an, sodass auch tiefer gelegene lebenswichtige Anteile des Gehirns (Hirnstamm) komprimiert wurden. Klinisch konnten mehrere Hirnstammreflexe nicht mehr nachgewiesen werden. Ein solcher Zustand ist mit dem Überleben nicht vereinbar.
Auch die am 28.01.1992 durchgeführte entlastende operative Hämatom-Ausräumung konnte weder sofort noch später eine Änderung des desolaten Zustandes herbeiführen.
Zu allem Unglück trat am 16.02.1992 auch noch eine ohnehin lebensbedrohliche Sepsis als Folge einer nosokomialen Bronchopneumonie hinzu, sodass mit dem Tod des Patienten akut gerechnet werden musste. Wir standen in der Zeit vom 16.02.-22.02.1992 vor der Tatsache, dass

bei Herrn Feder parallel zwei schwerste, mit dem Leben nicht zu vereinbarende Krankheiten vorlagen. Die septische Pneumonie kulminierte mit dem Kreislaufversagen am 20.02.1992, obwohl bereits 4 Tage einer intensiven antibiotischen und kreislaufstützenden Therapie vorausgegangen sind.
Genau vom 20.02.1992 an fanden die Anrufungen und Hilfegebete zu Pater Titus durch Ehefrau und Tochter des Patienten ihren Höhepunkt, weil sie den stündlich erwarteten Tod doch noch abwenden wollten. 2 Tage später erlebten wir alle die unvorhersehbare und unerwartete Peripetie beider Krankheitsbilder, wie ich sie weiter oben beschrieben habe. Auch im Nachhinein ist diese positive Wendung medizinisch nicht zu erklären. (…)«

9. Kapitel: Wertschätzung

Ich möchte die Quellensammlung beschließen mit einigen, wie ich meine, besonders eindringlichen Zeugnissen darüber, welche Anerkennung P. Titus fand. Da P. Titus sich über sich selbst nie wertend geäußert hat, soll die nachfolgende Quellengruppe ebenfalls hier aufgeführt werden.

(1)
Über sich selbst schreibt P. Titus am 22. Mai 1933 in einem Brief an den Provinzial[125], Konventsarchiv, Ordner E.

125 Provinzial war P. Laurentius Siemer OP.

»Vechta, am 22.V.1933

Lieber hochwürdiger P. Provinzial!
Was soll ich zu Ihrer Anfrage in Betreff des Kurates an St. Maria Victoria sagen. Ich möchte Ihnen gern helfen und bin bereit, an jedem Posten zu arbeiten, für den die Provinz mich geeignet hält. Ich persönlich halte mich für den genannten Posten für ungeeignet. Bedenken Sie nur eins, ich bin anerkannt ein sehr minderwertiger Prediger. Ich kann das auch nicht mehr lernen. Schriftlich möchte ich meine Bedenken nicht weiter begründen, mündlich bin ich jederzeit bereit dazu.
Stets Ihr in S. Dominico gehorsamer P. Titus M. Horten.«

P. Laurentius (am 23. Mai 1933) in Antwort auf obigen Brief, Konventsarchiv, Ordner Briefe an P. Titus.

»Lieber P. Titus!
(...) Ebenso herzlichen Dank für Ihren Brief. Ich persönlich bin der Meinung, dass Sie durchaus den Posten hätten ausfüllen können. Die Sache ist aber schon erledigt. Ihre Ansicht, Sie seien ein anerkannt sehr minderwertiger Prediger ist durchaus abwegig. Ich weiß, dass man sie in der 8 Uhr-Messe im Kolleg lieber gehört hat als irgendeinen anderen. Besonders waren die Akademiker von Ihren Predigten sehr erbaut. Ich mache Ihnen kein Kompliment, sondern sage Ihnen nur die Wahrheit. Recht herzlichen Gruß Ihr (...)«

Vorweg ging dieser Brief des P. Laurentius, Konventsarchiv, a.a.O..

»(…) Die Stelle eines Kurators an St. Maria Viktoria in Berlin muss neu besetzt werden. P. Amandus Möllenbrock ist krank. Ich hatte P. Wolfgang [Wessoly OP] vorgeschlagen. Man meint aber im Konsil, dass gerade Sie dafür geeignet [seien]. Man möchte Maria Victoria wieder zu einem Zentrum der Seelsorge für die Gebildeten und Geistlichen Berlins machen. Vor allem handelt es sich um religiöse Vorträge und Beichtstuhl. Wie denken Sie darüber? (…)«

(2)

Georg Bocklage – Beibrief an mich vom 13. Januar 2000, Konventsarchiv, Mappe „Quellen“.

»Vechta, den 13.01.2000

An das Dominikanerkloster, Herrn Pater Ulrich Schulte, Füchteler Str. 72, 49377 Vechta

Sehr geehrter Herr Pater Ulrich!
Hiermit möchte ich Ihnen eine Kopie eines Briefes vom 12. Mai 1935 zuschicken, den mein Vater damals als junger Mann im Alter von 26 Jahren an meine Mutter geschrieben hat. Für meinen Vater muss die Verhaftung von P. Titus Horten ein tiefgreifendes Erlebnis gewesen sein, denn sonst hätte er seiner 20-jährigen Verlobten nicht so ausführlich darüber berichtet. Mein Vater war zu der Zeit im Marienhospital in Vechta als Maschinenbaumeister beschäftigt.
Vielleicht ist der Brief für Ihre Pater-Titus-Forschung von Interesse.
Mit freundlichen Grüßen gez. G. Bocklage

(Hier nun der besagte Brief.)

Vechta, den 12. Mai 1935

Meine liebe Berta!

Endlich komme ich nun dazu, dir mal wieder einen Brief zu schreiben; ich war derart mit Arbeit überladen, dass ich nicht die Zeit zum Schreiben fand. Die Karte vom Freitag wird wohl angekommen sein. Mit zwei bis drei Wochen wird es hier im Hause wohl etwas ruhiger werden; z.Zt. wird die Kühlanlage gebaut, die Stromeinstellungen vorgenommen, Schreiner sind mit verschiedenen Reparaturen beschäftigt, und schließlich sind noch Maurer und Maler hier am Schmieren. Wie immer, muss ich überall sein. Hier fehlt dies und dort fehlt das, den ganzen Tag hört man nur Bocklage und nochmals Bocklage! Vorige Woche war es manchmal 11 Uhr abends, wenn ich Feierabend hatte, daraus kannst du schließen, weshalb du keine Post erhieltst.

Aber am Sonntagabend habe ich Zeit, um meiner lieben Berta zu schreiben; denn allein herausgehen zum Tanz etc. fällt mir überhaupt nicht ein. Heute Abend hätte ich zum Musiker-Bundesfest in Füchtel sein müssen, weil das Kolpingsorchester Veranstalter des Festes ist und ich sogar vom Vikar eingeladen wurde. Aber was soll ich da? Etwa mit anderen Mädchen herumtanzen oder mich volltrinken? Nein, niemals, solange wir nicht zusammen gehen können, verzichte ich zugunsten anderer.

Heute Nachmittag habe ich die Musikvorträge der einzelnen Vereine angehört, leider war es so kalt auf dem Festplatz (Nähe des Klosters), dass die Menschen sich nicht lange aufhielten. Außer dem Musikerfeste war im Schäferschen Saale die Gesellenstückausstellung. Ursula und Lisbeth waren auch hin.

Bei den Dominikanerpatres bin ich heute auch gewesen.

Dort waren dieser Tage 22 Herren, die das Kloster von oben bis unten durchsucht haben. Vor 4 bis 5 Tagen wurde der frühere Prior, Pater Titus, verhaftet und gestern Morgen wurde der alte ehrwürdige Priestergreis unter Bewachung von zwei Kriminalen nach Oldenburg gebracht. Den Pater Titus wirst du auch kennen, ein großer, hagerer Mann, der sonntags oft hier im Hause die hl. Messe liest und predigt. Weshalb die Verhaftung erfolgte, kann man nicht erfahren. Pater Titus ist bei allen Vechtaern, ob Katholik oder Protestant noch Kommunist[126] hoch geachtet und als heiligmäßiger Pater bekannt. Alle, die ihn kennen, blutet das Herz und mir ganz besonders, war er doch seit 6 Jahren mein Beichtvater. Gestern Morgen bin ich zum Bahnhof gewesen, um noch einmal den lieben Pater zu sehen. Er musste selbst seinen Koffer schleppen und an jeder Seite ein „Geheimer". Wie unser Herrgott einst sein Kreuz schleppen musste, so ergeht es heute seinen Dienern. „Wer euch verachtet, der verachtet mich", hat einst der Heiland gesagt. (…)«

(3)

Urteile anderer über P. Titus finden sich zahllose in dem Ordner B des Konventsarchivs; sie wurden wohl nach dem Krieg im Zuge des Seligsprechungsprozesses gesammelt. Hier eines von Sr. Benvenuta.

»(…) Wenn man über seine letzten Lebensmonate nachdenkt, so drängt sich einem das Bild auf, das der Biograf des heiligen Johannes vom Kreuz bei seinem Hinscheiden

---

126 Kommunisten gab es wohl kaum 1935 in Vechta, Protestanten, wenn überhaupt, nur sehr wenige.

zeichnet: Seine Seele war wie ein reich beladenes Schiff, das langsam seine Taue vom Ufer löst und dann frei hineingleitet in den Ozean der göttlichen Liebe.«
(Dieselbe)

»(…) Seine Güte war so bekannt, dass man sich hüten musste, in seiner Gegenwart Wünsche zu äußern. P. Titus ruhte nicht – wenn es in seiner Macht stand –, bis sie erfüllt waren. (…)«

(Dieselbe)

»(…) Pater Titus hielt nicht immer regelrechte Vorträge, sondern kleidete sie mehr in Form einer gemütvollen Aussprache, bei denen hin und her gefragt wurde. (…) So wollte P. Titus einmal die Kindlichkeit Gott gegenüber veranschaulicht sehen. Er stellte Fragen und suchte Beispiele. Eine der Schwestern meldete sich zu Wort und erzählte, dass eine Kinderschullehrerin den Kleinen einmal gesagt hatte, sie sollten auf dem Heimweg mittags auch den Heiland in der Kirche besuchen und ihm ein Liedchen singen. Um sich zu vergewissern, ob die Kinder das auch tun würden, folgte sie ihnen unauffällig in die Kirche. Die Kinder gingen bis zur Kommunionbank hinauf und sangen, was sie gerade in der Schule gelernt hatten: Fuchs, du hast die Gans gestohlen[127]. P. Titus war ganz begeistert. (…)«

---

127 Erwähnen muss man hier, dass dieses Lied dann später bei P. Titus Leitmotivcharakter gewann! Er spielte gern darauf an, wenn er vom kindlichen Gottvertrauen sprach.

(4)

P. Laurentius allgemein über P. Titus, Konventsarchiv, Ordner DS, Autobiografie (Maschinenskriptum), 225f..

»(...) Als überragende Persönlichkeit wirkte während meiner ganzen Kollegstätigkeit P. Dr. Titus Horten, der Bruder des eben erwähnten P. Timotheus Horten, an unserer Schule. P. Titus kam 1917 nach Vechta und blieb dort bis zu seinem Tode. Von 1926 bis 1932 war er der Prior des Konvents. Zu gleicher Zeit war er Spiritual der Schwestern im Josefskonvikt und Leiter des dortigen Verlags und der Druckerei. Nach seinen Ämtern sollte man annehmen, dass P. Titus ein hervorragend praktischer Mensch gewesen wäre. Das war aber durchaus nicht der Fall. Trotzdem verwaltete er diese Ämter mit einer Gewissenhaftigkeit und einer Treue, als wenn sie ihm auf den Leib zugeschnitten wären. Dabei entwickelte er eine Aktivität, die kaum überboten werden konnte. Von Haus aus war P. Titus eine tief veranlagte, von der Außenwelt fortstrebende, in sich gekehrte Natur. Er war durchaus nicht frei von Schwächen. Aber er arbeitete mit einer heiligen Leidenschaft an sich selber, sodass man geradezu sehen konnte, wie er seelisch wuchs. An alles, was er zu tun oder zu beurteilen hatte, legte er den Maßstab der Ewigkeit an, ohne bewusst die natürlichen Belange zu verletzen. Wenn ich vor Gott und meinem Gewissen gefragt würde, ob mir ein Fall bekannt sei, dass P. Titus bewusst etwas Unvollkommenes getan hätte, so müsste ich diese Frage verneinen. Seine Stellung zu mir war die eines überaus wohlwollenden, teils sich unterordnenden, teils sich väterlich fühlenden Freundes. In den vielen Jahren unserer Zusammenarbeit hat es selten eine Spannung gegeben, niemals eine solche von Bedeutung. Als Hauptaufgabe seines Prioramtes sah er die Verpflichtung an, dem Kolleg zu dienen. Und er tat es mit einer wunderbaren menschlichen Feinheit und aus einer tiefreligiösen in Gott verankerten Überzeugung heraus. Glaubte er, in einem Punkte nicht mit mir übereinstimmen zu können, so sagte er mir dieses mit überzeugender Liebenswürdigkeit und war bereit, seine Meinung sofort zu verbessern, wenn ich ihn würde überzeugen können. Ein einziges Mal, soweit ich mich erinnere, gab es wegen einer verhältnismäßig kleinen Angelegenheit eine heftigere Auseinandersetzung. Der Verlauf dieser Auseinandersetzung ist so charakteristisch für die Persönlichkeit unseres lieben P. Titus, dass ich sie erzählen muss. Es war im Winter. Die Moorbachwiesen waren mit Eis bedeckt. Aber durchs Radio war gemeldet worden, dass Tauwetter kommen würde. Darum gab ich, ohne den Prior, der im Verlag in der Stadt war, zu benachrichtigen, Anweisung, dass die Schüler um 12 Uhr zu Mittag essen würden und dann frei hätten zum Eislauf. Infolgedessen ging auch der Konvent um 12 Uhr statt um 1 Uhr zum Essen. Kurz vor 1 Uhr kam P. Titus, sah, wie die Schüler auf dem Eis Schlittschuh liefen, und fand das Refektorium der Patres bereits ausgeräumt. Als er selbst gegessen hatte, kam er zu mir auf mein Zimmer. Seine Augen funkelten. Zunächst machte er mir Vorhaltungen, dass ich die Tagesordnung auch des Konvents geändert hätte, ohne ihn zu benachrichtigen. Ich musste ihm Recht geben und bat um Verzeihung; ich hätte nicht daran gedacht. Aber P. Titus erklärte ganz entschieden, dass ich daran hätte denken müssen. Und dann kam die Hauptsache. Wie ich es verantworten könnte, eine Unterrichtsstunde freizugeben, damit die Schüler dem Vergnügen des Eislaufens sich hingeben könnten. Ob das die richtige Erziehung für unsere Schüler sei. Ich suchte meine Maßnahme zu rechtfertigen, fand aber bei P. Prior kein Verständnis. Schließlich meinte ich, dass der Verantwortliche für das Kolleg nicht er, sondern ich sei. Aber da war es aus. P. Titus erklärte, dass er mir gegenüber der Vertreter des Ordens sei und die Interessen des Ordens wahrzunehmen hätte. Wenn ich noch einmal so handeln würde, müsste er die Frage dem P. Provinzial vorlegen. Dann verabschiedete er sich mit „Gelobt sei Jesus Christus". Nach einer halben Stunde klopfte es und P. Prior kam auf mein Zimmer. Mit einem etwas verlegenen Lächeln bat er um Verzeihung, dass er heftig geworden war und machte die Venia[128]. Ich war ganz beschämt und bat ihn aufzustehen. Es sei doch nicht Sache des Oberen, vor einem Untergebenen die Venia zu machen. Andererseits sei ich aber doch sehr erfreut darüber, dass er eingesehen hätte, in der fraglichen Sache nicht Recht zu haben. Im selben Augenblick fingen die Augen wieder an zu funkeln. So sei die Sache nicht gemeint. Seine Ansicht müsste er aufrecht erhalten. Für die Art seines Verhaltens hätte er um Verzeihung gebeten. Die Folge war, dass die Auseinandersetzung genauso heftig wurde wie eine halbe Stunde vorher. Offenbar hatte unserem guten P. Titus sein Gewissen nicht erlaubt, sich abends zur Ruhe zu begeben, bevor er die Sache nicht mit mir in Ordnung gebracht hätte. Denn er kam nach dem Nachtchor noch einmal zu mir und bat zum zweiten Mal um Verzeihung. Ich musste so lachen, dass er mich ganz verdutzt anschaute und meinte, die Sache sei zu ernst, als dass sie zu belachen wäre. Weil ich meinen P. Titus zu gut kannte, um nicht zu wissen, dass er wiederum in Harnisch geraten würde, wenn ich zu

---

128 Die Venia-machen war früher ein Gestus der Bitte um Verzeihung. Man warf sich dabei der Länge nach auf den Boden.

einer Auseinandersetzung mich wieder herbeiließe, bat ich ihn, er möchte gehen. Ich nähme an, dass er Recht gehabt hätte. Da war P. Titus zufrieden. Übrigens war P. Titus genauso wie sein Bruder Timotheus von Natur heftig und leidenschaftlich. Und ebenso wie sein Bruder konnte er den Zorn spielen lassen, wenn er glaubte, eine gute Sache, eine Sache des Ordens, vor allem aber eine Sache Gottes verteidigen zu müssen. Wenn er einen Schüler einer Lüge überführte, war er furchtbar in seinem Zorne. Aber er kannte diese Schwäche und hörte nicht auf, sie zu bekämpfen. Wie sehr die Persönlichkeit von P. Titus Horten mich beeindruckt hat, geht am besten daraus hervor, dass mich die Nachricht von seiner Verhaftung, so sehr sie mich einerseits betrübte, ebenso sehr andererseits mich mit einer gewissen Genugtuung erfüllte. Ich hatte das Empfinden, mit einem Heiligen zusammen wegen derselben Sache leiden zu dürfen. (…)«

(5)
Priorwahl 1927, Konventschronik, S. 185.

»(…) An der Wahl, die am 26. Januar im Physikzimmer unseres Kollegs gehalten wurde, ging im 1. Wahlgang als Prior hervor P. Dr. fr. Titus M. Horten, bisheriger Prokurator unseres Konventes. Am 30. nahm er zu unser aller Freude das Amt an. Mit Recht versprechen wir uns von seinem Priorate in jeder Beziehung reichen Segen für unseren lieben Konvent. Als langjähriger Prokurator, als Leiter unserer Druckerei, als Gründer und Inhaber unseres Albertus-Verlages, als Bettler großen Stils (vgl. unseren Kollegsbau!), als Generalprokurator der Missionen, als Lehrer des Kollegs u.s.w. hat ARP Prior die denkbar beste Vorbildung für sein neues Amt. (…)«

(6)

Zum Ende des (zweiten) Priorates von P. Titus schreibt die Konventschronik, S. 305.

»(...) Am 2. Februar ging das Priorat unseres allverehrten [schwer leserlich] und lieben P. Prior, ARP Dr. Titus Horten zu Ende. Es ist eine liebe und angenehme Pflicht für den Chronisten, im Namen des ganzen Hauses (Kloster und Kolleg) P. Prior für all seine Liebe und Güte, die er uns während 6 langer Jahre erwiesen hat, herzlich zu danken. P. Titus war uns allen Oberer und Vater! Hoffen wir, dass er auch nach seinem Priorate als lieber Mitbruder noch viele Jahre in unserer Mitte weilen wird. (...)«

(7)

Die Dominikanerinnen von Vechta haben nachfolgenden Vortrag von Vikar Grafenhorst in ihrer Erinnerung festgehalten. Sie schreiben (Konventsarchiv, Ordner B):

»Der Gefängnisgeistliche, Hochwürden Herr Vikar Grafenhorst, Oldenburg, besuchte am 14. Mai 1936 die Schwestern in Vechta und erzählte uns Folgendes über Pater Titus:
(...) Dann war plötzlich eines Morgens P. Titus im Oldenburger Untersuchungsgefängnis.
Der erste Eindruck: „Du stehst hier vor einem Menschen, der alles Selbstsüchtige überwunden hat.
Hochwürden Herr Vikar führte mit kurzen Worten aus, von welcher Bedeutung das heilige Messopfer für den Priester ist – und nun Pater Titus. – Ich fragte ihn, wann er die heilige Messe lesen könnte und wollte. Er war erfreut darüber, sagte aber gleich, dass er auch darauf verzichten könne, und „machen Sie sich doch ja keine Mühe da-

rum."[129] Der Inspektor wollte es anfangs nicht gestatten, so bin ich an den Staatsanwalt herangetreten. Ich durfte ihm dann bei der heiligen Messe dienen. Nachher haben wir uns dann ein klein wenig unterhalten. Nach jeder heiligen Messe sagte er, morgen kommen Sie aber nicht wieder. Dies war bei ihm kein Gestus, keine Höflichkeitsform, nein, es war so echt, man empfand das ohne Weiteres. Es gibt Menschen, die dies aus irgendeiner Höflichkeitsform tun, bei ihm war das nicht der Fall. Bei ihm hieß es immer wieder: Ich will keinem Menschen lästig fallen. – Bald darauf kam das Verbot, dass ich überhaupt nicht allein P. Titus besuchen durfte. Nur in Gegenwart eines Richters habe ich ihn gesprochen. Und es war recht schwer für mich die ganze Zeit. Ich bin nicht ein welterfahrener Priester und stehe am Anfang meines Priestertums. Ihm gegenüber empfand ich das besonders stark, weil ich ihm nichts bieten konnte. Weil P. Titus meilenweit höher stand, war mir das recht schwer. P. Titus machte einem das durch sein Wesen doch wieder erträglich. Er ließ das nie merken; ebenso wenig, wie er es sich anmerken ließ, wenn es ihm ´mal schlecht ging, teils durch das Wetter, [teils] die Gerichtsverhandlungen oder durch seinen Gesundheitszustand. Er hat sich nie enttäuscht gezeigt. Wenn ich zu ihm kam, so sagte er immer: „Das ist aber schön, dass Sie kommen." Meistens setzte er sich aufs Bett und ich auf den Schemel. (…)
Er sah die ganze Sache im Gefängnis rein übernatürlich. „Es ist Gottes Wille, den soll und muss ich hier erfüllen." – Es war ihm ein Gewissenskonflikt, dass es ihm noch so schwer wurde. „Ich weiß doch, das ist der Wille Gottes."

129 Zum Verständnis muss man wissen, ohne Ministrant durfte ein Priester nicht die Messe feiern; Vikar Grafenhorst bot sich ihm als Ministrant an.

Wir sprachen dann über die Ölbergstunden des lieben Heilandes. – P. Titus hat die ganze Zeit innerlich schwer gelitten. Seine liebste Lektüre war Johannes vom Kreuz. Er sah sein zukünftiges Leben ganz in diesen Gedankengängen. So wollte er in Zukunft sein Leben gestalten. (...) In dieser Zeit, wo ich ihn nicht allein besuchen durfte, nur mit dem Richter, war er innerlich doch derselbe. „P. Titus, wie geht es?" – „Es geht mir sehr gut!" Nie hat er geklagt, auch nicht über die strengen Maßnahmen. Als dann später nach dem Tode von Pater Thomas [Stuhlweissenburg OP] die Vergünstigung wieder kam, dass ich mit ihm allein sprechen konnte, freute er sich sehr. Aber dann sagte er auch wieder, wenn ich eine Weile bei ihm gesessen hatte: „Jetzt müssen Sie aber schön gehen. Ihre Zeit ist kostbar, ich darf Sie nicht länger in Anspruch nehmen." Wir haben uns über viele Dinge unterhalten. P. Titus hat mir in dieser Zeit viel gegeben und viel geboten. Er hatte ein sehr feines Auge, wusste so fein und so geschickt das Gespräch auf das Übernatürliche hinzulenken. Er bedauerte uns Weltpriester. Zu wenig Zeit – er im Kloster hätte den Himmel auf Erden gehabt, er, jetzt im Gefängnis habe er viel Zeit für Gott.
Er stand sehr früh auf bis auf die letzten Tage. Betrachtung, heilige Messe, Danksagung. Und wenn der Kaffee um 1/2 7 Uhr kam, dann hatte er schon zwei Stunden hinter sich. Er setzte dann den ganzen Tag betend fort. Sein ganzes Tagewerk war nur Gebet. Er war dort im Gefängnis von allen geschätzt, und was sie Pater Titus Gutes tun konnten, haben sie ihm getan. Alle fühlten sich wohl in seiner Nähe. Und doch – wie er 'mal so beiläufig bemerkte: „Man kann sich mit diesen Leuten so wenig unterhalten, sie denken so ganz anders." Es war so ganz offensichtlich, dass er sich stets seinen Mitmenschen anpasste.

Nach einiger Zeit, als der erste Termin kam, da war er nicht besorgt um sich, sondern um den Orden. Ich wollte ihn dann beruhigen und sagte ihm, er sei ein Märtyrer. Darauf sagte er: „Schweigen Sie, schweigen Sie!" Er ging zur Verhandlung in Vereinigung mit Gott. Er sollte sich verteidigen. – Der Rechtsanwalt[130] legte ihm Verschiedenes in seiner Zelle auf den Tisch, damit er sich hinein vertiefe. Er aber sagte: „Ich weiß gar nicht, das liegt mir nicht." – Gerade, als es darauf ankam und für ihn die Entscheidung fallen sollte, legte er dem Rechtsanwalt nahe, ob er nicht gehen müsse, weil er doch dringendere Geschäfte zu erledigen habe. Er war also gar nicht bei der Sache, sondern immer in Vereinigung mit Gott. Er betete für alle. Er hatte immer die Hand in der Tasche und betete den Rosenkranz. Vor seiner Seele stand nur der Herrgott und seine Mitmenschen während des ganzen Prozesses. Der Staatsanwalt hatte dann den Antrag gestellt auf Zuchthaus und Ehrverlust. Dass man ihm die Ehre absprach, hat ihn tief erschüttert. „Wenn die Menschen mich für so schlecht halten, dass man mir die Ehre abspricht, wie wird erst Gott von mir denken?" – Das Urteil lautete dann auf zwei Jahre Gefängnis. Welche Freude bei Pater Titus! Ich habe noch nie einen Menschen gesehen, der bei einer Urteilsverkündigung sich so erfreut zeigte. „Wenn ich ins Gefängnis komme, dann komme ich in das von Vechta, bin in der Nähe meiner Mitbrüder und der Schwestern, kann vom Fenster den Himmel sehen von Vechta."[131] Er wehrte sich mit aller Entschiedenheit dagegen, Berufung einzulegen,

---

130 Wahrscheinlich Rechtsanwalt Schauenburg.

131 P. Titus freute sich offenbar darüber, dass er nicht zu einer Zuchthausstrafe verurteilt worden war, sondern zu einer Gefängnisstrafe. Er ging davon aus, dann in das Gefängnis von Vechta eingewiesen zu werden. In Vechta gab es kein Zuchthaus.

und ich hatte viele Mühe, dass man das im Interesse des Ordens tun müsse.
Für ihn war physisch das größte Leiden: zu wenig Luft. Er hatte sein Bett herumgestellt, um Luft zu bekommen. Herzbeschwerden stellten sich ein. Physisch ging es bergab. Mir als Priester gegenüber war er offener und ehrlicher. Den Leuten verheimlichte er seinen Zustand, um ja nicht die Aufmerksamkeit auf sich zu lenken. Ich habe dann mit den Leuten im Gefängnis gesprochen. Es geht ihm recht schlecht. – Den Arzt muss man entschuldigen. Er hatte nicht den Eindruck, dass P. Titus schwer krank war, weil er ja selbst immer versicherte, dass es ihm gut ginge. Pater Titus konnte nicht mehr zelebrieren, er bekam Schwindelanfälle. Ich bemühte mich bei dem Staatsanwalt um Haftentlassung. „Gut, wir haben nichts dagegen, nur muss der Arzt bestätigen, dass eine solche Krankheit vorliegt, untersuchen und Haftentlassung beantragen." Der Arzt meinte, P. Titus hätte kein Vertrauen zu ihm. Ich sagte aber, dass er ihn sehr schätzen würde. Jedoch machte ich ihn darauf aufmerksam, dass P. Titus zu bescheiden sei, um viel über seinen körperlichen Zustand zu sprechen. Der Arzt kam zu ihm und P. Titus sagte, dass es ihm sehr gut ginge. Der Arzt verschrieb ihm dann eine Baldriantinktur etc., unschuldige Mittel. Als ich später P. Titus fragte, warum er denn nicht mehr gesagt habe, meinte er, es sei ihm gerade zu der Zeit so gut gegangen. Wieder unternahm ich Schritte auf Haftentlassung bzw. Pflege. Müssen denn alle Leute vor dem Termin sterben? So hieß es denn, P. Titus komme heute noch weg. Und er kam ins Krankenhaus. Er lag auf der Gefängniszelle hinter vergitterten Fenstern. Er war froh, es kam mehr Luft herein. Auch erhielt er Sauerstoffatmung. Er kam wieder hoch, er hatte viel Mut. Im Krankenhaus wurde er von allen geschätzt.

Die Schwestern stritten sich um die Pflege. An einem Tag schon hatte es sich herumgesprochen, was er für ein Mensch war, so ganz natürlich und ganz schlicht. Man muss wissen, wie es in den staatlichen Betrieben zugeht. Man tut seine Pflicht und damit ist es erledigt. Da ist das Verhältnis zum Patienten ganz anders als in unseren Krankenhäusern. Und doch waren alle voll Liebe und Aufmerksamkeit zu ihm dort. Die Tage im Krankenhaus sind ihm durch die körperlichen Leiden sehr schwer geworden: seine Atemnot, seine Unruhe durch die zerrütteten Nerven. Und dabei war er immer voll Sorge, dass er den anderen lästig fallen würde. Ganz furchtbare Tage! – Aber immer wieder kam es über seine Lippen: „Alles für dich, heiligstes Herz Jesu!" „Mein Jesus Barmherzigkeit!" – Wie freute es ihn, als er für die Nachtpflege eine [katholische] Schwester vom Pius-Hospital erhielt, damit sie ihm vorbeten könne, damit er alles trüge für Gott, damit er demütig bliebe. All die anderen Sorgen, die sonst Kranke beschäftigen: werde ich wohl wieder besser, komme ich durch, davon war bei ihm nie die Rede. „Das kommt von Gott, und wenn er will, kann er es mir wieder abnehmen."
Nach P. Titus' Tod kam ich wieder ins Hospital und besuchte einige Leute vom Arbeitsdienst. Da traf ich die Schwester, die ihn gepflegt hatte. Sie sprach zuerst von P. Titus und drehte sich um und weinte. Ich hatte ihn schon in der Zwischenzeit mit der heiligen Ölung versehen. Auf eigenen Wunsch gab ich ihm die heilige Ölung. „Es gibt mir Gnade und Kraft", sagte er. Er empfing das heilige Sakrament so natürlich. Seine ganze Frömmigkeit war so echt, so kernig, er stand mit dem Herrgott auf „Du". Darum war ihm alles so selbstverständlich und einfach. – „Wenn Sie können, möchte ich die heilige Kommunion empfangen, aber nur wenn Sie können."

Fürstenzimmer. Schwester Oberin war sehr froh, dass sie ihm noch diese kleine Erleichterung hatte verschaffen können.[132]

Am Tage vor seinem Tode setzte ich mich telefonisch mit dem Wärter in Verbindung, ob es ginge, dass ich ihm die heilige Kommunion bringe. Er fragte sogleich, ob das die Sterbesakramente seien. „Nein“, erwiderte ich, „es ist das gleiche wie bei Ihnen das Abendmahl.“ „Ja, Sie können kommen, es wird alles gerichtet. P. Titus geht es gut.“ – In der Nacht starb er dann. Nur zwei Stunden war er in dem schönen Zimmer gewesen.

Als ich dann am Morgen an seiner Leiche stand, überkam mich eine große Freude. Eine Seele ist zu Gott gegangen. Ich habe mein Brevier genommen und die Laudes[133] mit Pater Titus gebetet. Es war für mich feststehend, dass er am Throne Gottes ist. Lange nicht mehr habe ich so schön und fein mein Brevier gebetet. Sein Bild stand rein und klar vor meiner Seele. Die letzte Zeit war sein Gesicht von Kummer entstellt gewesen. Nun lag er ganz friedlich lächelnd da.

Am andern Morgen hatte ich die Predigt. Ich habe gesprochen vom heiligen Opfer: dass ich einen Priester gekannt habe, dem der Herrgott alles genommen: Gesundheit und Freiheit und Ehre und Geld und Familie und liebe Freunde und Mitbrüder und gar alles. Und dass dieser Priester so ganz mit Christus vereinigt war, zum lebendigen Opfer geworden. Sie wussten alle, von wem ich sprach.

---

132 Zum Verständnis: Die Oberin des Hospitals verlegte P. Titus am Tage seines Todes heraus aus der Gefängniszelle in das sogenannte Fürstenzimmer des Krankenhauses.

133 Laudes – Morgengebet der Kirche.

Ich vertraue viel auf P. Titus. P. Titus hilft! Ich habe das schon ganz auffällig erlebt. (So bei einer Frau), die hingerichtet wurde, ihm habe ich ihre Seele empfohlen, und sie hat sich bekehrt, obwohl sie sich erst weigerte.«

Anhänge

Tabellarischer Lebenslauf

9.8.1882	Geb. als Franz Horten in Elberfeld, heute: Wuppertal-Elberfeld
15.8.1882	Getauft ebendort
	Besuch der Grundschule in Frankfurt/M. und Leipzig
1893 – 1896	Schüler des Albertinums in Venlo
1894	Erkrankung („morbus ossium“[134])
21.4.1895	Erstkommunion in Leipzig
1896	Ab Herbst Schüler eines Gymnasiums in Leipzig
1902	Abitur; anschließend Universitätsstudien in Grenoble, Leipzig, Münster, London und Bonn; zunächst für ein Jahr Studium der Rechtswissenschaften, dann der neueren Sprachen und der Geschichte
1903	Franz Horten besucht zum ersten Mal Vechta; Angebot an den Orden zum Landkauf (Bauernhaus) und zum Bau eines Freibades in Füchtel
1906 – 1909	Elternhaus
1907	England
1909	Erwerb des Doktortitels der Philosophischen Fakultät der Universität Bonn. Der Titel der Doktorarbeit lautet: „Über die moderne Sprache Defoe's“
28.8.1909	Einkleidung als Dominikanernovize in Venlo
1910	Einfache Profess
1910 – 1913	Studium der Philosophie in Düsseldorf
1913	Ewige Profess
1913 – 1915	Studium der Theologie in Rom
1914	Zweiter Aufenthalt in England
1915	Priesterweihe in Rom
1915 – 1917	Weitere Theologiestudien in Düsseldorf; Sanitäter im dortigen Lazarett
1917	Assignation in Vechta

134 Eine nicht näher spezifizierte Knochenerkrankung.

1917 – 1921	(?)[135]
	Lehrer am Kolleg St. Joseph
1918 – 1935	Beichtvater an St. Georg, Vechta
1919, November	Vechta wird zum Konvent erhoben
1920	Beichtvater der Schwestern
1920	Subpräfekt[136] in der Ordensschule
30.8.1921 – 21.1.1927	
	Prokurator des Vechtaer Konventes[137]
1921 – 1935	Spiritual der Kollegschüler
1921, März	P. Pius Keller OP wird als „Präses unserer Schule" abgelöst durch P. Laurentius Siemer OP; „Rektor", feierlich eingeführt am 13. April; die früheren Subpräfekten bekommen den Titel „Konrektor"
1922, Mai	P. Titus immer noch als Konrektor aufgeführt
1923, März	Umbau des Josefskonvikts zu einer Druckerei, die P. Titus leitet; Einweihung des Mitteltrakts der Ordensschule und der Kapelle
1923	Direktor der Drittordensgemeinschaft in Vechta
1924	Schwere Erkrankung des P. Titus
August 1925 – 1936	
	Generalprokurator der Chinamission[138]
1925	Tod von P. Timotheus Horten OP[139]

135 Es fällt schwer, genau das Jahr zu datieren, wann P. Titus aus dem Amt eines Lehrers ausgeschieden ist. In den Katalogen der Provinz und auch in der Konventschronik ist er des Öfteren auch nach 1921/1922 als Lehrer genannt. Ich glaube, eine öffentliche Entlassung aus seiner Lehramtstätigkeit hat nie stattgefunden. Aber seine Einsetzung als Spiritual der Schüler im Jahr 1921 setzt, scheint mir, voraus, das ergibt sich aus einem Brief des P. Timotheus Horten OP an P. Titus, dass er ab 1921 offiziell nicht mehr Lehrer am Kolleg ist.

136 Das Kolleg der Dominikaner bestand einmal aus der Schule und zum anderen aus dem dazugehörigen Internat; der Subpräfekt (Konrektor) war damals Erzieher im Internat, aber zugleich auch Lehrer in der Schule. Auch der Rektor der Schule war zu jener Zeit sowohl für die Schule wie auch für das Internat verantwortlich. Unter einem Konrektor verstand man den Vertreter des Rektors.

137 Unter einem „Prokurator" oder einem „Syndikus" versteht man im Dominikanerorden den Verwalter der Finanzen und der Wirtschaft.

138 Unter dem „Generalprokurator der Mission" verstand man damals – im Gegensatz zum einfachen Missionsprokurator, den es in jedem Konvent gab – den von der Provinz „Teutonia" eingesetzten Verwalter der Provinz für die finanziellen und wirtschaftlichen Belange der Mission in China.

139 P. Timotheus ist der leibliche Bruder von P. Titus. Menschlich waren die beiden sehr verbunden.

1925 – 1936	Leiter des Albertus-Magnus-Verlags
1926	Assessorexamen von P. Laurentius
29.1.1927 – 29.1.1930	Prior des Konvents von Vechta
1927, Februar	Krankenhausaufenthalt in Düsseldorf-Heerdt; P. Swidbert Soreth OP wird Prokurator
1927, März	Sorge um den sich verschlimmernden Gesundheitszustand; im Mai wieder zurück in Vechta; Mai – Juni Kur in Berlin
ab 1927	Die Chronik nennt keine Ämter mehr für P. Titus, abgesehen vom Priorenamt, dem Verlagsleiter des Albertus-Magnus-Verlags und dem Generalprokurator der Mission
2.2.1930 – 2.2.1933	Prior des Konvents von Vechta, 2. Amtszeit
1932, September	P. Laurentius wird Provinzial als Nachfolger von P. Thomas Stuhlweissenburg OP
1932, Oktober	P. Aurelius Arkenau OP „Präfekt des Kollegs"[140]
10.11.1932	Ankunft von P. Franziskus Stratmann OP zum Albertus-Triduum; über Albertus selbst schreibt in diesem Zusammenhang P. Aurelius einen langen Artikel in der Oldenburger Volkszeitung
17.11.1932	P. Titus wird in Walberberg zum Prior postuliert[141]; P. Titus lehnt ab
20.1.1933	P. Titus wird in Hl. Kreuz Köln zum Prior postuliert[142]; P. Titus lehnt ab
1933	Direktor der Drittordensgemeinschaft in Vechta
1933, Februar	Ende des Priorates von P. Titus; Brüdermeister (Verantwortung für die Ausbildung der Laienbrüder)
1933	Neuer Prior in Vechta: P. Otmar Decker OP
1933, September	P. Placidus Wehbrink OP wird als Rektor der Schule eingeführt, als Nachfolger von P. Reginald Weingärtner OP; Konrektoren werden: P. Thaddäus Roth OP und P. Aurelius Arkenau OP[143]

140 Der Titel „Präfekt" bezeichnet nach 1932 (Weggang von P. Laurentius) den Leiter des Internates, während der Leiter der Schule nun eben „Rektor" heißt.

141 Unsicher.

142 Unsicher.

143 P. Aurelius war gleichzeitig Präfekt des Internats.

1933	Studienrat N. Krämer[144] wird als Lehrer verabschiedet
31.3.1934	P. Titus ist ordentlicher Beichtvater der Schwestern am Konvikt (Albertus-Magnus-Verlag)
24.9.1934	P. Titus wird in Düsseldorf zum Prior gewählt[145]; P. Titus lehnt ab
8.5.1935	Verhaftung
11.5.1935	Untersuchungshaft in Oldenburg
4.11.1935	Verurteilung zu zwei Jahren Gefängnis
11.11.1935	Berufung gegen das Urteil
1936, Januar	Überführung ins Peter-Friedrich-Ludwig-Hospital
19.1.1936	Sterbesakramente
25.1.1936, 23:30 Uhr	Tod
27.1.1936	Obduktion; Überführung der sterblichen Überreste nach Vechta
30.1.1936	Beerdigung auf dem Vechtaer Friedhof
20.7.1948	Eröffnung des Seligsprechungsprozesses in Münster[146]
29.4.1953	Übersendung der Akten nach Rom
2.5.1954	Umbettung der sterblichen Überreste in die Klosterkirche

144 Herr Krämer spielt eine gewisse Rolle in der Geschichte der Schule. Vgl. dazu die Quellen, Kapitel 4.

145 Unsicher.

146 Ab wann genau die Ordensprovinz um die Seligsprechung des P. Titus bemüht hat, ist schwer feststellbar.

Namensregister

Dominikaner

Dominikanerinnen

Namen derer, die nicht Mitglieder des Ordens (OP) sind

Glossar einiger ordensspezifischer oder kirchenspezifischer Termini

A.R.P.	Admodum Reverendus Pater –sehr hochwürdiger Pater
Angelicum	Ordenshochschule in Rom (heute: Päpstliche Universität St. Thomas)
Binieren	zwei heilige Messen an einem Tag feiern
Bruder (Laienbruder)	Bezeichnung für die nicht zum Priester geweihten Ordensmitglieder
Frater	Bezeichnung eines Dominika-ners, der noch nicht zum Priester geweiht wurde
General	Generalmeister oder Ordensmeister – der Obere des ganzen Ordens
Generalprokurator	damals der Provinzprokurator für die wirtschaftlichen Angelegenheiten der Mission
Klassen haben	Unterricht haben
Kolleg	Gymnasium mit angeschlossenem Internat
Konrektor	früher (bis etwa 1920) Lehrer und Erzieher am Konvikt
Konvent	offizielle Bezeichnung für eine Niederlassung der Dominikaner (Kloster)
Konvikt	Internat für Gymnasialschüler
Official(es)	Amtsträger im Orden
Offizial (von Vechta)	Stellvertreter des Bischofs von Münster in dem Offizialatsbezirk Oldenburg
Präfekt	Leiter des Internats in Vechta
Präses	früher (bis etwa 1920) der Leiter des Konvikts und der Obere der Dominikanerniederlassung Vechta
Prior	Oberer eines Konvents
Prokurator	Verwalter der Wirtschaft und der finanziellen Angelegenheiten eines Konventes
Promotor (pro causa Titi)	der mit dem Fall der Seligsprechung des P. Titus betraute Mitbruder
Provinzial	Oberer einer Ordensprovinz
R.P.	Reverendus Pater – hochwürdiger Pater
Refektorium (Refektor)	Speisesaal

Rekreation	Erholungszeit im klösterlichen Tagesablauf
Rektor	Leiter der Ordensschule
Reverendissimus	Hochwürdigster
Socius	Stellvertreter eines Oberen
Spiritual	verantwortlicher Leiter für das religiöse Leben der Schüler
Subpräfekt	Erzieher im Internat
Triduum	dreitägige Andacht
Vicarius (Vicar)	Stellvertreter eines Ordensoberen
Visitation	formeller Besuch eines höheren Ordensoberen in einer ihm un-terstellten Institution
Wahlkapitel	Versammlung von Ordensmitgliedern zur Wahl eines Oberen

Literatur

Werke

Franz Horten, Studien über die moderne Sprache Defoe's, Diss. 1909.

Gedruckte Quellen

Auszüge aus Briefen, die P. Titus an die Schwestern des St. Josephs-Konvikts, Vechta, geschrieben hat, o.O. o.J.
Auszüge aus Briefen des + P. Dr. Titus M. Horten O.P., 2. Auflage o.O. (ca. 1937); Vechta [4]1954.

Literatur

Ferdinand Baumann, Horten, Anton Hubert (Ordensname: Titus Maria), in: Lexikon für Theologie und Kirche 2. Aufl. Bd. 5, Freiburg/Br. 1960, Sp. 488.

Friedrich Wilhelm Bautz, Horten, Franz, Dominikaner, bekannt als Pater Titus, in: Biografisch-Bibliografisches Kirchenlexikon Bd. 2, Nordhausen 1990, Sp. 1068-1069.

Paulus Engelhardt, Der Friedenskämpfer. Zum 100. Geburtstag von P. Franziskus Maria Stratmann OP (8.9.1883), in: *Wort und Antwort* 24 (1983), 111-120.

Paulus Engelhardt / Willehad Paul Eckert, Die deutschen Dominikaner im Dritten Reich, in: *Wort und Antwort* 36 (1995), 7-17.
Ambrosius Eszer, Sinossi Biografica, in: Beatificationis et Canonizationis Servi Dei Titi Horten O.P. (1882-1936), Positio super virtutibus, Vol. I, Roma 1996, (2. Informatio), 3-40.

Max Frisch, Die Tagebücher. Tagebuch 1946-1949, Gütersloh o.J..

Paul Gundolf Gieraths, Neun Tage im Gebet mit und zu Pater Titus M. Horten O.P., Vechta 1986.

Rainer Maria Groothuis, Im Dienste einer überstaatlichen Macht. Die deutschen Dominikaner unter der NS-Diktatur, Münster 2002.

Beate Höfling, Katholische Friedensbewegung zwischen zwei Kriegen. Friedensbund Deutscher Katholiken 1917-1933 (Tübinger Beiträge zur Friedensforschung und Friedenserziehung Bd. 5), Waldkirch 1979.

Meinolf Lohrum, Horten Franz (Ordensname: Titus Maria), in: Lexikon für Theologie und Kirche 3. Aufl., Bd.5, Freiburg/Br. 1996, Sp. 281.

Ingeborg Magnussen, Des Malers Wilhelm Ahlborn Lebensschicksale, von ihm selbst erzählt, Vechta 1935.

Hans Schlömer, Horten, Franz (P. Titus Maria O.P.), in: Biographisches Handbuch zur Geschichte des Landes Oldenburg, im Auftrag der Oldenburgischen Landschaft hrsg. von Hans Friedl u.a., Oldenburg 1992, 325-326.

Ulrich Schulte, P. Titus Horten O.P. (1882-1936). „Diener Gottes" im Dominikanerkloster in Füchtel bei Vechta, in: Willi Baumann / Peter Sieve (Hrsg.), Der katholische Klerus im Oldenburger Land. Ein Handbuch, Münster 2006, 339-342.

George Steiner, Warum Denken traurig macht. Zehn (mögliche) Gründe. Aus dem Englischen von Nicolaus Bornhorn, Frankfurt/M. [7]2007.

Franziskus Stratmann, Weltkirche und Weltfriede. Katholische Gedanken zum Kriegs- und Friedensproblem, Augsburg 1924.

Thomas von Aquin, Die Deutsche Thomas-Ausgabe. Vollständige, ungekürzte deutsch-lateinische Ausgabe der Summa theologica (Übersetzt von Dominikanern und Benediktinern Deutschlands und Österreichs, hrsg. von dem Katholischen Akademikerverband), Bd. 29: Die Sakramente. Taufe und Firmung, Salzburg – Leipzig 1935.

Rudolf Willenborg, „Wir wollen Christen sein und keine Neuheiden". Die Entkonfessionalisierung der Schulen in Oldenburg, der Schulkampf in Goldenstedt, die Ausweisung des Offizials Vorwerk und der Versuch einer Zerschlagung der Kirchenleitung in Vechta, in: W. Baumann / M. Hirschfeld (Hrsg.), Christenkreuz oder Hakenkreuz. Zum Verhältnis von katholischer Kirche und Nationalsozialismus im Land Oldenburg (Quellen und Beiträge zur Geschichte des Oldenburger Landes Bd. 4), Vechta 1999, 34-70.

Hieronymus Wilms, P. Titus Horten O.P. Erinnerungen an ein Opfer der Devisenprozesse, Köln 1947; Limburg 1949.

Anna Maria Zumholz, „Verbrecher oder Märtyrer?“ Der Devisenprozeß gegen die Dominikanerpatres Laurentius Siemer, Titus Horten und Thomas Stuhlweissenburg in Oldenburg, in: W. Baumann / M. Hirschfeld (Hrsg.), Christenkreuz oder Hakenkreuz. Zum Verhältnis von katholischer Kirche und Nationalsozialismus im Land Oldenburg (Quellen und Beiträge zur Geschichte des Oldenburger Landes Bd. 4), Vechta 1999, 275-312.

Autorenverzeichnis

Ulrich Schulte OP, Lect. theol., geb. 1933, Studiendirektor i.R., Vizepostulator „causa Titi Horten", lebt in Vechta

Reinhard Lettmann, Dr. iur. can. Dr. h.c., geb. 1933, em. Bischof von Münster

Nachwort der Reihenherausgeber

Allen, die am Zustandekommen dieses Buches beteiligt waren, gilt unser herzlicher Dank. An erster Stelle ist natürlich Ulrich Schulte OP zu nennen; als Herausgeber des Bandes oblagen ihm die Aufgaben der (in manchen Details mühsamen) Archivrecherche, der Auswahl der schlussendlich publizierten Quellen sowie die Komposition dieser zu einem Gesamtbild nicht nur der Person des Titus Horten OP, sondern gleichfalls des politischen und kirchlichen Kontextes, in dem sich der Dominikaner wie auch seine Mitbrüder in Vechta bzw. der Ordensprovinz Teutonia bewegten und zu bewähren hatten.

Bischof Reinhard Lettmann (Münster), in dessen Diözese der Seligsprechungsprozess für Titus Horten eröffnet wurde, danken wir für sein Geleitwort. Für die finanzielle Ermöglichung des Buchprojekts bedanken wir uns bei den Dominikanern von Vechta in Person ihres Priors Sebastian Hackmann OP wie auch seines Vorgängers Ludger A. Fortmann OP. Letzterem gebührt darüber hinaus Dank für so manche Ermutigung, Animation und Intervention, ohne die das Buch (zumindest nicht so schnell) hätte realisiert werden können.

Herrn Dieter Book, dem Ehepaar Ulrike und Wolfgang Bokern (alle Vechta) sowie den Mitarbeitern des Institut M.-Dominique Chenu, Herrn Horst Wieshuber und Herrn Dennis Halft (beide Berlin), gilt unser Dank für ihre gewissenhaften Korrekturarbeiten. Für ihr Engagement bei der Verifizierung der in den Quellen genannten Dominikaner bzw. Dominikanerinnen sei Armina Maissen OP (Ilanz) und Gerfried A. Bramlage OP (Köln) gedankt. Für ihre quasi „amtliche" Unterstützung schulden wir Francesco Ricci OP, Vize-Postulator des Dominikanerordens (Rom), und Herrn Archivar Peter Sieve, Mitarbeiter am Archiv des Bischöflich Münsterschen Offizialats Vechta, Dank. *Last but not least* bedanken wir uns ganz herzlich beim St. Benno Verlag (Leipzig) in Person seines Geschäftsführers Michael Birkner und seines Teams für die gewohnt gute und unkomplizierte Zusammenarbeit.

Berlin/Leipzig, am 25.1.2008,
dem 72. Todestag von P. Titus Horten OP

Thomas Eggensperger OP
Ulrich Engel OP

Institut M.-Dominique Chenu – Espaces Berlin